SUTTON
VERLAG

*Heimat*ARCHIV

HÄUSER, MENSCHEN, SCHICKSALE

AUS DER LÜBBECKER STADTGESCHICHTE

Helmut Hüffmann

SUTTON VERLAG

Lübbecke um 1860.

Impressum

Sutton Verlag GmbH

Hochheimer Straße 59

99094 Erfurt

www.suttonverlag.de

Druck: Books on Demand GmbH, Norderstedt, Deutschland

ISBN 978-3-86680-926-0

INHALTSVERZEICHNIS

LITERATURNACHWEIS

TILMAN ALLERT: *Die Namen meines Vaters.* In: Frankfurter Allgemeine Zeitung, 26. Februar 2011, Nr. 48.

KARL ADOLF VON DER HORST: *Die Rittersitze der Grafschaft Ravensberg und des Fürstentums Minden*, Berlin 1894.

HELMUT HÜFFMANN: *Vom Hospital zum Ev. Alten- und Pflegeheim*, Lübbecke 1999.

HELMUT HÜFFMANN: *Ein Haus im Spiegel der Geschichte, das Haus Ostertorstraße* 7, Lübbecke 2000 (Privatdruck).

BENJAMIN HUSEMANN: *Artikelserie in der Lübbecker Lokalpresse zum Jubiläum „100 Jahre Landratsamt"*, 2010.

DIETRICH WEGMANN: *Die leitenden staatlichen Verwaltungsbeamten der Provinz Westfalen*, Münster 1969.

BILDNACHWEIS

Familie Janke, Lübbecke: S. 53
H. Hüffmann: S. 23, 85
Stadtarchiv Lübbecke, Sammlung Dettmer: S. 66, 67
Wilhelm Schröder: S. 87
Titelfoto „Innenstadt" von ARGOS Luftbild, Juni 2001.
Alle weiteren Bilder stammen aus dem Stadtarchiv Lübbecke.

VORWORT

Häuser und ihre Bewohner sind schicksalhaft miteinander verbunden. Es muss kein Adels- oder Kirchenhof sein, der sich mit einer bemerkenswerten Geschichte schmücken kann, auch das kleinbürgerliche, bescheidene Wohnhaus hat seine hauseigene Geschichte, die sich weniger in baulichen Maßnahmen äußert als in seiner Teilhabe an der Stadtgeschichte. Allein die Stadtbrände, die Lübbecke wiederholt heimgesucht haben, bedeuteten mühsamen Wiederaufbau und Entbehrung. Hausinschriften auf Torbalken hielten das Ereignis für Generationen fest.

Es müssen keine politischen Umwälzungen sein, die das Aussehen eines Hauses innen wie außen verändern. Persönliche Schicksale können ein Haus ebenso prägen wie ungewöhnliche politische Ereignisse. Drückende Schuldenlasten ließen manchen verzweifeln und sein Glück außerhalb der Heimatstadt suchen. Plötzlich stand das Haus leer. Es verfiel oder wurde bestenfalls als Scheune oder Lager genutzt.

Die Haus- und Hofgeschichte ist zwangsläufig den Unwägbarkeiten der Geschichte ausgeliefert. Haus und Hof mögen äußerlich die Gewitterstürme der Geschichte überstanden haben. Unfähigkeit der Besitzer, Hof- und Hausstand über die Wirrnisse der Zeit hinweg zu retten, kann größeren Schaden anrichten als eine Katastrophe, in welcher Form sie auch immer auftreten mag. Wie die Lübbecker Stadtgeschichte zeigt, kann ein stolzer Adelshof, wie der Tribbenhof am Markt, im Laufe der Jahrhunderte heruntergewirtschaftet werden und als Bruchbude enden. Nach der Säkularisierung des St.-Andreas-Stiftes im Jahre 1810 war es nur eine Frage der Zeit, bis die Stiftsgebäude heruntergekommen waren. Allein die gegenüberliegende Dekanei trotzte allen Zeitumständen und blieb bis heute in ihrer baulichen Substanz im Wesentlichen erhalten.

Jeder neue Besitzer versucht, seinen Hausstand den persönlichen Wünschen und Bedürfnissen anzupassen. Damit ist auch das Stadtbild einem ständigen Wandel unterworfen. Manchmal geschehen die Veränderungen behutsam. Sie können aber auch rücksichtslos vonstattengehen, wie die Stadtsanierung in den 1960er-Jahren zeigt.

Die Planungen zur Neugestaltung des Marktplatzes begannen in den frühen 1950er-Jahren. Eingebunden war anfangs der Lübbecker Architekt Bünemann. Schließlich aber waren die Bünemann'schen Pläne nur noch Makulatur. Eine Neuplanung musste her. Beauftragt wurden die Büros Hempel und Ibrügger in Minden sowie Deilmann in Münster. Die Neuplanung war an Radikalität kaum zu überbieten. Wenn die Pläne auch nur halbherzig umgesetzt worden wären, das unverwechselbare Ambiente des Marktplatzes wäre dahin gewesen. Das Haus Steinmann, der Kirche gegenüber gelegen und gerade aufwendig restauriert, wurde ein Opfer der Planungen. Das liebevoll restaurierte

Fachwerkhaus Niemeyer musste gegen den Willen der Bewohner weichen. Ebenso erging es der angrenzenden Bäckerei und dem dazugehörenden Café, einem beliebten Treffpunkt älterer Herrschaften. Jedwede Lebensqualität wurde zunichte gemacht.

Das Auf und Ab der Geschichte rückt den ehemaligen Barkhausen'schen Burgmannshof am Gänsemarkt bis heute immer wieder in den Mittelpunkt des öffentlichen Interesses. Die gesellschaftlichen Umbrüche des 18. und beginnenden 19. Jahrhunderts hinterließen ihre Spuren. Nach wiederholtem Besitzerwechsel, Zwangsversteigerungen eingeschlossen, wurde der Hof schließlich Eigentum der Familie Stille/Süs. Für wenige Jahre war er die Stadtvilla in Lübbecke und ein gesellschaftlicher Mittelpunkt. Nach dem Ersten Weltkrieg wurde der Hof geteilt. Aus der Scheune wurde ein Lichtspieltheater. Das Herrenhaus wurde Bürohaus für diverse Institutionen. Ganz allmählich wurde es heruntergewirtschaftet. Es fehlte der private Eigner, der ständig nach dem Rechten sah. Im Jahre 1966 wurde es abgerissen, um einem modernen Zweckbau zu weichen. Der übrige Teil mit Kino, Gastronomie und Privathaus kam am 1. Juni 2011 unter den Hammer.

Die Geschichte eines Hauses zu erspüren, erfordert neben Sachkenntnis viel Geduld, bis sich die Dokumente und das Haus dem privaten Einblick öffnen. Manches bleibt für immer hinter Mauern verschlossen, was respektiert werden sollte.

Die folgenden Darstellungen beziehen sich zum Teil auf meine Publikationen, die in den 1990er-Jahren des vorigen Jahrhunderts in der Tagespresse vorgestellt wurden. Im Laufe der Zeit haben sich Ergänzungen aus meiner Arbeit als Stadtarchivar ergeben. Das Stadtarchiv Lübbecke verfügt über umfangreiche Bestände zur Stadtgeschichte, die diese Arbeit erst möglich gemacht haben. Im Übrigen war das Zeitungsarchiv im Stadtarchiv Lübbecke anregender Begleiter meiner Arbeit. Es half in dem Bemühen, dem Leser die zeitlichen Umstände vor Ort näherzubringen. Das begleitende Bild- und Dokumentarmaterial ist, wenn nicht anders angegeben, dem Stadtarchiv Lübbecke entnommen.

Ein Vorschlag des Architekten Bünemann für die Gestaltung der Westseite des Marktplatzes vom Februar 1955.

1

RATHAUSSAAL, RATSKELLER UND ZWEI STADTBRÄNDE

Das Alte Rathaus am Markt, in dem heute die Mediothek und das Museum der Stadt untergebracht sind, repräsentiert, ähnlich den Rathäusern anderer Städte, Stadtgeschichte in allen Facetten menschlichen Zusammenlebens. In guten wie in schlechten Zeiten wurden hier Entscheidungen getroffen, die von den Bürgern angenommen oder verworfen wurden. In der vorliegenden Darstellung sollen nur einige, mit bestimmten Räumlichkeiten des Hauses verbundene Geschehnisse der Stadtgeschichte vorgestellt werden, weil eine ausführliche Geschichtsdarstellung des Hauses den hier gesetzten Rahmen überschreiten würde.

Am 30. Januar 1279, dem Festtag der Jungfrau Adelgunde, erhielt Lübbecke das Stadtrecht, das vom Mindener Bischof Volquin von Schwalenberg beurkundet wurde. Es ist anzunehmen, dass ein Rathaus und ein Stadtrat zu dieser Zeit bereits etabliert waren, denn König Konrad IV. hatte dem Mindener Bischof Johann von Diepholz bereits am 3. Juli 1242 in Hagenau gestattet, dem Ort Lübbecke Weichbildrecht, d.h. Bürgerrecht, zu verleihen.

Von dem Rathaus als Gebäude berichtet erst der Mindener Domherr Heinrich Tribbe um 1460. Er spricht von einem *domus lapidea*, einem steinernen Haus. Im Gegensatz zu den überwiegend bürgerlichen Fachwerkhäusern war das Rathaus massiv aufgemauert. Tribbe berichtet weiter, dass die Bürger im Rathaus zu tanzen pflegen und dass unten im Rathauskeller Bier verkauft werde. Damit sind der Festsaal und der Ratskeller gemeint. Es handelt sich nicht um einen Keller im heutigen Sinne, sondern um einen auf der Nordseite tiefer liegenden Raum, den man über wenige Stufen vom Eingangsflur aus erreichte. Er lag also auf etwa halber Höhe zum Erdgeschoss. Der Festsaal im ersten Stockwerk war den Ratsversammlungen, aber auch den Festlichkeiten vorbehalten. Hier spielten die Stadtmusikanten bei Festen für die ratsfähigen Familien auf. Das gewöhnliche Bürgertum amüsierte sich auf dem Tanzplatz, der heutigen Danzelstätte im *Danselhus*, wo man sich den weltlichen Vergnügungen bei Tanz, Würfel- und Brettspielen hingeben konnte.

Das Rathaus war im ursprünglichen Sinne ein Haus des Rates und keine Behörde im heutigen Sinne. Zahlreiche Rechtsgeschäfte wurden im Rathaussaal getätigt und beurkundet. Auch das Stadtgericht sorgte hier für Recht und Ordnung. Das Stadtbuch enthält für die Jahre 1651/52 die ersten bekannten baulichen Maßnahmen am Rathaus. Damals, in der Amtszeit Bürgermeister Ernst Klenckes, war das Rathaus neu eingedeckt, *aufgeputzet* und der Spielturm repariert worden. Wie an vielen anderen Rathäusern auch, gab es einen Eckturm, der Spielturm genannt wurde. Von hier aus wurden die Markttage mit Trompetensignalen der Stadtmusikanten eröffnet. Die ausgehängte Freifahne bedeutete die endgültige Freigabe des Markthandels. Ein Trompetensignal und das Einziehen der Fahne beendeten den Handel.

Am 11. Oktober 1705 kam es zu einer Katastrophe. Ein Brandherd in der Stadt hatte sich in Windeseile ausgebreitet. Die Bürger bemühten sich, ihren Pflichten zur Brandbekämpfung nachzukommen – aber alles Bemühen war vergebens. Das Feuer griff auf das Rathaus über. Bald stand der Dachstuhl in Flammen. Die Bürgerfeuerwehr versuchte zu retten, was zu retten war. Akten wurden auf die Straße geworfen. Andere mussten den Flammen überlassen werden, darunter die Archivtruhen mit ihrem wertvollen Urkundenbestand.

Am folgenden Tag bot sich den verzweifelten Bürgern eine rauchende Trümmerlandschaft. Auch das Rathaus und seine Nebengebäude waren ein Raub der Flammen geworden. Rathäusliches Schriftgut lag verstreut in den Straßen der Stadt. Manche Blätter waren, vom Wind getragen, in den Bürgergärten vor der Stadt gelandet. Wichtige Aufzeichnungen, wie das Bürger- und das Stadtbuch, waren jedoch gerettet worden.

Das Jahr 1706 verstrich, ohne dass Baumaßnahmen zum Wiederaufbau des Rathauses ergriffen werden konnten. Es fehlten die finanziellen Mittel. Die Verwaltung war auf Spenden angewiesen, und die flossen nur spärlich. Eine großzügige Spende von 60 Reichstalern kam von der Stadt Osnabrück. Finanzielle Hilfen leistete die Bürgerschaft verständlicherweise nicht. Sie hatte selbst mit finanziellen Engpässen zu kämpfen. Es ließen sich jedoch Geschäfte machen. Kaufmann Matthias Mencke lieh der Kämmerei den ansehnlichen Betrag von 200 Reichstalern, Chirurg Grantz 100 Reichstaler und die Erben des Apothekers Hagen ebenfalls 100 Reichstaler. Andreas Sander, künftiger Wirt des Ratskellers, zahlte 100 Reichstaler als Vorschuss auf das zu erwartende Geschäft. Wenig entgegenkommend war das Ständeparlament des Fürstentums Minden, man einigte sich auf eine Spende von 50 Reichstalern. Zum Verständnis sei hier angefügt, dass es sich bei dem genannten Chirurgen nicht um einen studierten Mediziner handelte, sondern um einen Laien. Solche Personen, deren Heilkunst häufig innerhalb der Familie gelernt wurde, wurden landläufig als Knochendoktoren bezeichnet.

Das Rathaus blieb vorerst eine Brandruine. Nur der Spielturm hatte die Brandnacht halbwegs überstanden. Am 23. Februar 1707 traf sich Bürgermeister Müller mit den Ratsherren vor der Ruine des Rathauses. Anwesend waren Maurermeister Phillip Carato aus Nettelstedt sowie die Maurermeister Schreyer und Schüsseler aus Minden. Letzterer vertrat als Königlicher Baumeister die Regierung. Übereinstimmend stellten die Gäste totale Baufälligkeit fest. Auch der Spielturm war nicht mehr zur retten. Die Verzögerung von mehr als einem Jahr hatte dem Wetter Vorschub geleistet. Mauerteile waren nicht mehr verwertbar. Zur Enttäuschung des Bürgermeisters und Rats wurde ein totaler Abriss empfohlen. Ein Neubau musste her.

Die Familie des Maurermeisters Phillip Carato (Krato) war im Jahre 1674 auf dem Ellerhof in Nettelstedt ansässig geworden. Der Hof gehörte zu den Wüstungen, die der Dreißigjährige Krieg hinterlassen hatte. Er wurde also nicht mehr bewirtschaftet, nicht mehr bewohnt und gehörte zum Gutsverband Stockhausen. Gutsherr Wilhelm von der Recke hatte ein natürliches Interesse, den Hof wieder wirtschaftsfähig zu machen und besetzte ihn mit dem Maurermeister Phillip Carato und dessen Familie. Wahrscheinlich war Carato über die weit verzweigte Familie von der Recke vermittelt worden. Die Neubesetzung des Hofes konnte nicht nach den Regeln der Eigenbehörigkeit erfolgen. Das ließ der freie Stand des Maurermeisters nicht zu. Obwohl im Besitz eines gutsabhängigen Hofes, konnte Philipp Carato sein Handwerk weiter ungehindert ausüben. Aufträge erhielt er von der Familie von der Recke und anderen Auftraggebern. Dazu gehörte auch die Stadt Lübbecke. Der Name Carato lässt italienischen Ursprung vermuten. Auf Europas Straßen waren viele Handwerker auf der Suche nach Arbeit und einer festen Bleibe unterwegs. Auch das Militär benötigte Bauhandwerker für ihre speziellen Aufgaben im Kriegshandwerk. Besonders geschätzt für ihr Können waren italienische Handwerker.

Carato erhielt den Auftrag, den Neubau des Lübbecker Rathauses zu errichten. Geldknappheit zwang jedoch den Lübbecker Stadtrat, einem Neubau zuzustimmen, bei dem nur das Allernötigste errichtet wurde. Auf einen Spielturm wurde verzichtet. Beide Giebelseiten, die vor dem Brand massiv gestaltet waren, erhielten einen Fachwerkaufsatz. Der seit mittelalterlichen Tagen beliebte Rathaussaal im ersten Stock verblieb vorläufig im Rohbau. Man hatte weiterhin die Hoffnung, dass hier eines Tages wieder Festlichkeiten Einzug halten würden. Waren Nebengebäude dem Brand zum Opfer gefallen? Hatten die Ämter der Bäcker, Schuhmacher, Schneider und Schmiede, um die vornehmsten zu nennen, eine Markthalle in Besitz? Es liegt nahe, die Fragen zu bejahen, denn ein östlich des Rathauses gelegenes Grundstück gehörte der Stadt und war nach dem Brand bis zum Jahre 1716 nicht bebaut, sodass es zur Errichtung der Militärhauptwache freigegeben werden konnte. Nach diesem Zeitpunkt ist immer die Rede von der Markthalle im Rathaus. In diesem Zusammenhang stellt sich auch die Frage nach der Örtlichkeit der Legge zur Begutachtung des angebotenen Leinens. War sie einer vom Rathaus separat gelegenen Markthalle zuzuordnen? Es liegt nahe, an eine Markhalle neben dem Rathaus zu denken. Das Eichamt mit der Stadtwaage scheint immer Bestandteil des Rathauses gewesen zu sein.

Was noch verwertbar war, wurde verkauft. Überfälliger Schutt wurde zur Straßen- und Wegeausbesserung genutzt. Es gab viel Arbeit für Meister Carato, seine Maurer und Handlanger. Die Fuhrleute waren Mitverdiener. Am 10. Oktober 1707 war eine Rechnung fällig. Nettelstedter Fuhrleute hatten aus Obernkirchen *Fenstersteine* geholt. Die Rechnung belief sich auf 6 Taler und 12 Groschen. Dazu hatte die gräflich-schaumburgische Kasse 18 Groschen Zoll- und Wegegeld kassiert.

Im Frühjahr 1710 war das Rathaus soweit fertiggestellt und eingerichtet, dass die Verwaltungsarbeit am gewohnten Ort wieder aufgenommen werden konnte. Eine der

Verwaltungsaufgaben war es, die Bürger zum Beitritt in die staatliche Feuersozietät zu drängen, um künftig sofort nach einem Brand Mittel für den Wiederaufbau ihrer Häuser bereitstellen zu können.

Im Jahre 1716 wurde auf dem unbebauten Grundstück östlich des Rathauses *das neue wachthauß am Rathhause,* die Hauptwache für das in Lübbecke einquartierte Militär, errichtet. Es war ein kleiner, mit vorgesetztem Schilderhaus versehener Fachwerkbau, der erst beim Rathausumbau von 1935/36 abgerissen wurde. Vermutlich ersetzte die Hauptwache die abgebrannte Markthalle. Die Bauausführung war Meister Carato übertragen worden. Um den Bau finanzieren zu können, hatte die Stadt auf regierungsamtliche Anordnung hin Teile des Niederwalles verkaufen müssen. Die kleine Lübbecker Garnison wurde nach den napoleonischen Kriegen aufgegeben. Die vom Militär verlassene Hauptwache sollte von nun an verschiedenen Zwecken dienen.

Am 12. März 1753 war Nachtwächter Niemeyer im Rathaus vorgeladen. Bürgermeister Brüggemann war beunruhigt, denn in der Bürgerschaft kursierte das Gerücht, der Nachtwächter habe das *Vorgesicht* einer Feuersbrunst gehabt. Damit hatte es folgende Bewandtnis. In der Nacht vom 9. auf den 10. März hatte Niemeyer beim Abblasen vor dem Rathaus zu morgendlicher Stunde eine Feuersbrunst vor Augen. Buchstäblich vis-à-vis sah er, wie drei Häuser an der Bäckerstraße in Flammen standen, nämlich das Haus des Bäckers Vosswinkel, das Haus Reichmann und dessen Hinterhaus, das von dem Juden Joseph Isaac bewohnt wurde. Hitze und Qualm seien ihm entgegengeschlagen, wusste Niemeyer im Rathaus zu berichten. Er habe das Gefühl gehabt, ihm seien *die Haare auf dem Kopf gesenget und verbrannt worden.* Vosswinkel und Isaac wurden ins Rathaus vorgeladen und eindringlich ermahnt *auf Feuer und Licht Acht zu geben. Außerdem beschloss der Magistrat, daß die Herren Prediger solches in die Vorbitte nehmen damit der liebe Gott diese Stadt vor Unglück und besonders für Feuers-Gefahr bewahren wolle.*

Neue Gefahrenquellen rückten näher. Mit Besorgnis wurden die Nachrichten über die kriegerischen Auseinandersetzungen zwischen Preußen und Österreich um Schlesien registriert. Das Eingreifen europäischer Großmächte machte die Lage nur noch gefährlicher. Das Lübbecker Stadtbuch enthält detaillierte Angaben aus der Zeit des Siebenjährigen Krieges, namentlich bei den Ausführungen zur Schlacht bei Minden, als Lübbecke und das Umland Kriegslager für Freund und Feind waren. Damals im Frühjahr des Jahres 1759 stattete Herzog Ferdinand von Braunschweig, Oberbefehlshaber der englisch-hannoverschen Armee, Lübbecke einen kurzen Besuch ab, um die Umgebung zu inspizieren. Lübbecke wurde danach in wenigen Tagen in ein Heerlager verwandelt. Das Lager war allerdings nur eine Zwischenstation, eine französische Besatzung rückte nach. Gleichgültig ob Freund oder Feind, die Stadt wurde zur Kasse gebeten. Das Militär war auf Kosten der bürgerlichen Haushalte mit Lebensmitteln und Pferdefutter zu versorgen. Bürgermeister Bennecke und die städtischen Beschäftigten waren Befehlsempfänger der jeweiligen Herren.

Nach der Schlacht bei Minden am 1. August 1759 notierte Stadtsekretär Ebeling im Stadtbuch:

Hier [bei Minden auf der Heide von Todtenhausen] kam es nun zu einer blutigen Bataille kurz Mittages um 11 Uhr muste der Feind das Schlachtfeld mit einem sehr großen Verlust, welcher aus Todten, Gefangenen, Ausreißern auf 20 000 Mann bestimmt ist. Die Folge dieses herrlichen Sieges war, daß sich Minden d[en] 2. Aug[ust] des Morgens ohne Schwerdtschlag mit der darin befindlichen [französischen] Garnison von 300 Mann als Kriegsgefangene übergeben muste.

Nach dem Frieden von Hubertusburg, der den Siebenjährigen Krieg beendete, ordnete die Regierung Siegesfeiern an. In Lübbecke waren die St.-Andreas-Kirche und das Rathaus Mittelpunkt der angeordneten Feierlichkeiten. Am 13. März 1763, dem Sonntag Lätare, gab es einen Festgottesdienst. Stadtsekretär Ebeling, ein begeisterter Preußenanhänger, hatte es sich nicht nehmen lassen, den Friedensschluss mit Trompetenschall auf allen Straßen und Gassen verkünden zu lassen. Der nächste Tag wurde ein allgemeiner Festtag. Auch der Festsaal im Rathaus war endlich wieder Mittelpunkt von Feierlichkeiten. Bürgermeister und Magistrat erwarteten die vornehmsten Bürger der Stadt zu einem Bankett und anschließendem Ball. Dazu heißt es im Stadtbuch: *Magistratus speiseten zu Mittage auf dem Rathhause und luden dazu die vornehmsten dieser Stadt ein. Darauf wurde der Ball eröffnet welcher bis in die späte der Nachts Zeit fort dauerte. Dabey war das Rathhaus illuminiret [mit Lichtern versehen und erleuchtet].* Wenn es in dem Text heißt, dass *die gantze Stadt schmausete,* dann sind damit gedeckte Tische auf den Deelen der Bürgerhäuser gemeint, zu denen jeder Bekannte Zutritt hatte. Trotz der in den vergangenen Kriegszeiten erlittenen Verluste, hatte es sich kein Bürger nehmen lassen, an dem Bürgerfest teilzunehmen.

Das städtische Leben ging wieder seinen gewohnten Gang. Die Warnungen von Nachtwächter Niemeyer waren nicht in Vergessenheit geraten. Die Stadtverwaltung kam ihrer Pflicht zur Brandbekämpfung gewissenhaft nach. Häuser wurden wiederholt überprüft, ob alle Utensilien zur Brandbekämpfung, wie mit Wasser gefüllte Feuereimer, Sandhaufen, Leitern und Feuerhaken, vorhanden waren. Es gab abendliche Hausvisitationen der Ratsdiener, die die aufgemauerten Feuerstellen unter Augenschein nahmen, um nachzuprüfen, ob die Restglut mit einer Feuerstülpe abgesichert war. Nach der Feuerordnung war es Pflicht, eine Feuerstülpe zur Hand zu haben. Eine solche Stülpe war ein aus Bandeisen angefertigter Korb in Halbkugelform, der nach dem Ausbrennen des Feuers über die Glut gestülpt wurde, um Funkenflug zu vermeiden. Es gab auch Vorschriften für die damals gängigen Öllampen. Die Ölbehälter, in die der Docht eingetaucht war, mussten mit einem Deckel aus Eisenblech abgesichert sein. Den Männern wurde aufgetragen, sich beim Rauchen ihrer Pfeifen umsichtig zu verhalten. Die Ratsdiener wurden wiederum angewiesen, auf der Straße rauchenden Männern die Pfeife aus dem Mund zu nehmen, falls diese sich uneinsichtig zeigen sollten. Das geschah jedoch nur selten, weil zu befürchten war, dass die Männer handgreiflich wurden, wenn man ihnen das Symbol ihrer Männlichkeit kurzerhand aus dem Mund zog.

Im tiefen Winter des Jahres 1766 erfüllten sich die Vorahnungen des Nachtwächters. In der Nacht vom 12. auf den 13. Dezember 1766 brach das von ihm prophezeite Feuer aus und wütete einen Tag lang. Fast wäre das Rathaus wieder ein Raub der Flammen geworden, weil es *in vollem Feuer stand,* wie es in einem zeitgenössischen Bericht heißt. Es blieb jedoch bei kleineren Feuerschäden. Lediglich ein zum Rathaus gehöriges Nebenhaus brannte ab.

Stadtprediger Hagedorn beklagte in seiner Predigt nach der Brandnacht die Heimtücke einiger Bürger, die während des Brandes *aufs Rauben und Stehlen* ausgewesen waren. Der Prediger benannte eine Tatsache, die immer wieder zu beobachten war. Sobald ein Brand ausgebrochen war, drängten Schaulustige zum Brandort. Sobald sie in ihre Wohnungen zurückkehrten, mussten sie feststellen, dass Truhen und Schränke durchwühlt und manches gute Stück von Dieben entwendet worden war. Auch angeblich besorgte Helfer, die am Brandort ihre Hilfe anboten, um die Habe der Geschädigten zu retten, entpuppten sich später als raffinierte Diebe.

Nach diesem Brand trat die staatliche Feuersozietät in Aktion. Die ersten Abschläge der sogenannten Brandgelder wurden im Beisein aller Magistratsmitglieder im Rathaus ausgezahlt. So sollte jeder Verdacht auf Bevorzugung oder falsche Berechnung vermieden werden. Auch das beschädigte Rathaus wurde bedacht. Der Magistrat erhielt für den erlittenen Brandschaden 400 Reichstaler und 200 Reichstaler für das abgebrannte Nebenhaus.

Der in Lübbecke geborene Schnathorster Pfarrer Reichmann notierte später folgende Zeilen:

Der gütige Gott verschone die unglückliche Stadt, die ich als meinen Geburtsort liebe, biß ans Ende der Welt mit dergleichen verzehrenden Feuers Brünsten aus Gnaden um Christi unseres Vorbitters willen! Der Brand zog sich herunter biß an den Pappen Dieck [Papendiek]. Daselbst wendete ihn der Wind, daß er die Nieder Straße an beiden Seyten [Seiten] einäscherte und von da durch die Wendung des Windes biß hinauf ans Rathaus (welches aber stehen blieb), und von diesem biß Fünf Hausen, biß zur Wester Pforte [Westertor zwischen Hinter der Mauer und Wallstraße] hinunter ab Mencken Hinter Hauß, welches auch stehen blieb biß an den Ort, wo es entstand, getrieben wurde.

Pfarrer Reichmann machte den Wassermangel für das Ausmaß dieser Katastrophe verantwortlich. Der Feuerlöschteich im erweiterten Stadtgraben vor dem Bergertor wird vermutlich zugefroren gewesen sein, was den Abfluss des Wassers behinderte.

Nach dem Brand von 1766 wurden notwendige Reparaturen immer wieder verschoben oder gar nicht ausgeführt. In einem Schreiben der Stadtverwaltung vom 7. November 1777 an die Kriegs- und Domänenkammer Minden ist von einem beklagenswerten Zustand des Rathauses die Rede. Das undichte Dach konnte weder Regen noch Schnee abwehren, sodass die Decke über dem Ratssaal einzustürzen drohte. Teile des Fußbodens begannen bereits zu faulen, der Verfall schritt immer weiter voran.

Der Ratskeller sah nicht viel besser aus. Er war in jeder Hinsicht in einem trostlosen Zustand. Pächter war der Ratsdiener Köster, der mit seiner Familie in einem Nebengebäude des Rathauses wohnte. Nach einem Bericht der Stadtverwaltung hatten Kösters

Frau und seine *boshaften Kinder in ihrer schmutzigen Lebensart* den Keller ruiniert und die Gäste vergrault. Als der Pachtvertrag abgelaufen war, wurde der Ratsdiener samt Familie an die frische Luft gesetzt.

Neuer Pächter wurde Schlachter Franke. Das heruntergewirtschaftete Lokal machte jeden Versuch zunichte, den Ratskeller wieder zu einer gut besuchten Gaststube zu machen. Schließlich gab es bessere Gaststätten in der Stadt. Die Gastronomie hatte sich endgültig aus dem Rathaus verabschiedet. Der Keller verkam zur Ablage, wo man all das verstaute, was man tagsüber nicht vor Augen haben wollte. Zeitweise diente die ehemalige Ratsgaststätte sogar als Kartoffelkeller für die Familie des Ratsdieners.

Das Rathaus machte im Jahre 1797 keinen einladenden Eindruck. Wie es sich nach außen darstellte, so sah es auch im Inneren aus. Feuchte Wände und herabfallender Putz hatten dazu geführt, dass manche Räume nicht mehr oder nur zeitweise benutzt werden konnten. Der Dachstuhl war so defekt, das ein nur mäßiger Regen Spuren auf dem Rathausboden hinterließ. Eine gründliche Renovierung war nicht zu umgehen und wurde mehr als notwendig.

Im Sommer 1800 waren Handwerker damit beschäftigt, das Rathaus einer gründlichen Renovierung zu unterziehen. Endlich wurden der Dachstuhl und das Dach repariert. Der Festsaal wurde im modischen Gewand der Zeit neu eingerichtet. Zum Inventar des Saales gehörten jetzt drei Spiegel in handvergoldeten Rahmen, zwölf Wandleuchten sowie ein Kronleuchter *aus Cristall mit sechs Lichtern.* Fußboden, Mobiliar, Wandverkleidung und Tapeten waren wieder vorzeigbar. Der neue Glanz sollte zum Jahresende mit einem besonderen Fest eingeweiht werden, denn ein neues Jahrhundert stand vor der Tür.

Bevor die letzte Hand bei der Renovierung angelegt war, wurde der Bürgerschaft ein gehöriger Schrecken eingejagt. In der Nacht vom 9. auf den 10. November 1800 braute sich ein Unwetter zusammen, das das Schlimmste befürchten ließ. Peitschender Regen und Sturmböen ließen die Menschen verängstigt zusammenrücken. Das Gebälk der Häuser stöhnte und ächzte, sodass ihre Bewohner fürchteten, ihre Häuser könnten dem Sturm nicht standhalten. In Panik liefen viele in Furcht vor einem Erdbeben auf die Straßen. Denn manchem war das Beben vom 19. Januar 1767 noch in guter Erinnerung, als ein kurzer Erdstoß morgens um 9 Uhr *bey einem starken Froste und ganz stiller Luft* Angst und Schrecken verbreitete.

Einsetzendes Winterwetter sorgte dafür, dass im alltäglichen Leben die übliche Betriebsamkeit nachließ und eine gewisse Ruhe einkehrte. *Ritterschaft, Bürgermeister und Rat,* so die Bezeichnung der Stadtverwaltung, verschickten Einladungen zum Jahrhundertfest. Eine Einladung ging an den Leutnant von Spiegel, der die kleine Lübbecker Garnison befehligte. Er hatte dafür gesorgt, dass Militärmusiker für das Fest zur Verfügung standen. Die Lübbecker Honoratioren rechneten es dem Leutnant hoch an, dass es ihm gelungen war, den ersten Oboisten vom Borstel'schen Kürassierregiment für die Silvesterfeier nach Lübbecke zu holen. Die Lübbecker wollten nicht zurückstehen und ihrerseits einen Beitrag zum Gelingen des Eröffnungskonzertes leisten. Postmeister und Steuereinnehmer Haccius, Konrektor Grahl und einige andere Herren der Lübbecker

Konzertgesellschaft waren mit von der Partie, als das Fest am 31. Dezember 1800 nachmittags um fünf Uhr mit einem Konzert eröffnet wurde.

Nach dem Festessen und den bei solchen Anlässen üblichen Tischreden und Trinksprüchen wurde zum Tanz aufgespielt. Hier gab der Tanzmeister den Takt an, sobald sich die Gesellschaft zum *Contredanse* formiert hatte, bei dem sich Jung und Alt miteinander vergnügten. Pünktlich beim Glockenschlag zwölf zur mitternächtlichen Stunde öffnete sich die Saaltür. Der alte, inzwischen abgetretene Nachtwächter Niemeyer erschien, um *mit seinem Horn das Zeichen des eingetretenen 19. Jahrhunderts zu geben,* wie es im Stadtbuch heißt. Dem schlossen sich die Trompeter an. Es folgte ein Vivat auf die königlichen Majestäten, den Lübbecker Magistrat, die Beamten des Amtes Reineberg und die Lübbecker Bürgerschaft. *Es war eine glänzende Versammlung,* wie der Stadtsekretär und spätere Bürgermeister Carl Ludewig Sigismund Kind im Stadtbuch vermerkte.

In der „französischen“ Zeit im Königreich Westfalen und der kurzen Zugehörigkeit zum Kaiserreich Frankreich traf sich im Rathaussaal hin und wieder eine französisch parlierende Gesellschaft. Es gab wie schon in der preußischen Zeit Einquartierungen der zu Napoleons Armeen gehörenden Militäreinheiten. Mit dem Militär kamen auch Geschäftsleute und die Damenbegleitung der Offiziere, die Unterhaltung erwarteten. Schauspieler und Musikanten traten im Rathaussaal auf. Der in preußischer Zeit verbotene Karneval lebte wieder auf, sodass am 8. Februar 1811 im Rathaus ein Maskenball veranstaltet wurde.

Nach dem entscheidenden Sieg über Napoleon und seine Armee nach der Völkerschlacht bei Leipzig fanden in Preußen am zweiten Ostertag, dem 11. April 1814, Festgottesdienste statt. Auf ein Festbankett im Rathaussaale war, soweit ersichtlich, verzichtet worden. Äußerste Sparsamkeit war zwangsläufig angesagt, denn die Stadtkasse war bis auf einen kläglichen Rest zusammengeschmolzen. Von Geldsorgen geplagt, stimmte Bürgermeister Kind einer Verpachtung des Rathaussaales an die Gastwirte zu, die an dem Rathauskeller kein Interesse hatten, jedoch den Saal für ihre Tanzveranstaltungen nutzen wollten.

Der Saal war schnell wieder heruntergewirtschaftet, weil bei der Verpachtung kein Unterschied zwischen den Personen gemacht worden war, die den Saal zu benutzen wünschten. Hauptsache war, dass die Kasse stimmte. Die *Tanzereien* setzten dem Fußboden so zu, dass die Dielen einzubrechen drohten. Bürgermeister und Rat sahen den guten Ruf des Hauses bedroht. Am 15. August 1818 beschloss der Gemeinderat, *gewöhnlichen Tanzgesellschaften* den Zutritt nicht mehr zu gestatten.

Bürgermeister Kind wollte dem Saal ein festliches Aussehen geben. Der modernen Technik gegenüber aufgeschlossen, dachte er an *Gaserleuchtung*, die Kerzen und Öllampen überflüssig machen sollte. Um den Lichteffekt zu erhöhen, sollten Spiegelwände angebracht werden. Gemeint waren großformatige, in verzierte Rahmen gefasste Spiegel mit kleinen Vorstelltischen. Kind dachte daran, die Türen mit Malereien zu versehen. Gemeint sein dürfte die damals beliebte Genre- und Dekorationsmalerei. Kinds Leitbild war der gutbürgerliche Salon, wie er bei den wohlbetuchten Bürgern und in seinem eigenen Haus an der Langen Straße zu finden war.

Das Rathaus mit Stufengiebel. Rechts davon steht die ehemalige Hauptwache sowie ein Teil des Hauses Pötting um 1900.

Kinds Pläne ließen sich aus praktischen Gründen jedoch nicht verwirklichen. Ein Teil des Rathauses war der Stadtschule vorbehalten, die über keine eigenen Klassenräume verfügte, nachdem das Schulhaus nahe der Kirche um 1800 wegen Einsturzgefahr aufgegeben werden musste. Da Behördenzimmer geräumt werden mussten, wurde der Saal von der Stadtverwaltung genutzt.

In einer Rathausbeschreibung vom Jahre 1820 heißt es, dass der Saal in der oberen Etage dem Magistrat als Sitzungszimmer diene, aber auch Bürgerversammlungen zur Verfügung stehe. Außerdem werde er als Aushebungslokal genutzt. Hier wurden also die jungen Männer erfasst und gemustert, die zum Militärdienst eingezogen werden sollten.

Um die Mitte des 19. Jahrhunderts war der bauliche Zustand des Rathauses bedenklich. Die Schule hatte inzwischen einen neuen Schulbau auf dem Hofgelände des ehemaligen Tribbenhofes am Markt erhalten. Besonders betroffen im Rathaus waren der Dachstuhl mit seinem Krüppelwalmdach und die beiden Fachwerkgiebel. Aufsteigende Feuchtigkeit hatte manchen hässlichen Fleck im Mauerwerk hinterlassen, der Putz begann zu bröckeln. Der Rathaussaal war kein vorzeigbares Lokal mehr. Am 12. April 1861 wurden die Stadtverordneten über den Zustand des Hauses informiert. Einig war man sich darin, dass Renovierung und Umbau keinen Aufschub mehr duldeten.

Wenige Monate später waren die Fachwerkgiebel des Rathauses entfernt worden. Die Südfront hatte einen neugotischen Stufengiebel erhalten, die Nordseite war einfach aufgemauert worden. Das Krüppelwalmdach war entfernt und durch ein Satteldach ersetzt worden. Zur Erinnerung erhielt der zum Markt gerichtete Giebel eine eiserne Wetterfahne, in die die Jahreszahl 1861 eingelassen war.

Der Festsaal war hergerichtet, soweit es die städtischen Finanzen erlaubten. Der neu gewählte Lübbecker Landrat Ferdinand von Oheimb zu Hudenbeck konnte am 4. Februar 1871 von Oberregierungsrat von Schierstedt im Festsaal des Rathauses in sein Amt eingeführt werden. Der Saal wurde jedoch für größere gesellschaftliche Anlässe nicht mehr genutzt, er war einfach zu klein geworden. Es gab jetzt Lokale wie das „Deutsche Haus" an der Langen Straße, die über all das verfügten, was der Festsaal im Rathaus vermissen ließ. Außerdem wurde ein neues Projekt geplant, der Bau eines Schützenhauses, das in Zukunft größeren Veranstaltungen zur Verfügung stehen sollte.

Am 15. Juni 1892 wurde der frühere Festsaal, der ein Mehrzweckraum geworden war, noch einmal für repräsentative Zwecke genutzt. Heinrich Konrad Studt, Oberpräsident der Provinz Westfalen, hatte sich angesagt. Landrat von Oheimb hatte den hohen Gast vom Bahnhof Kirchlengern abgeholt. In der landrätlichen Kalesche ging es über die Dörfer in Richtung Lübbecke. Nachdem man im Wiehengebirge die Horst's Höhe passiert hatte, war der erste Halt angesagt. Auf der Höhe der Brauerei Barre erwartete Bürgermeister Lüders mit einigen Ratsherren den Gast. Kaum war das landrätliche Gefährt in Sichtweite, gab der Bürgermeister der aufmarschierten Kapelle der Freiwilligen Feuerwehr ein Handzeichen. Preußische Marschmusik begrüßte nun den Gast. Bevor es weiter zum Lübbecker Rathaus ging, gab es einen von der Brauerei Barre spendierten Erfrischungstrunk. Im Rathaussaal warteten die Honoratioren der Stadt, um dem Oberpräsidenten vorgestellt zu werden. Aufmerksam wurde dessen Rede zur Kenntnis genommen. Er versprach, sich mit allen Kräften dafür einzusetzen, dass Lübbecke dem Schienennetz der Eisenbahn angeschlossen werde. Nachdem Kommandeur von Waldthausen auf dem Marktplatz die örtliche Feuerwehr vorgestellt hatte und verschiedene öffentliche Gebäude besichtigt worden waren, verabschiedeten sich Oberpräsident und Landrat in Richtung Holzhausen, wo sie auf dem Oheimb'schen Gut erwartet wurden.

Der Rathaussaal erhielt nur noch bei wichtigen amtlichen Anlässen einen festlichen Rahmen, so am 1. Juli 1905 bei der Amtseinführung von Bürgermeister Albert Pütz. Der Rathaussaal wurde zu diesem Zweck neu hergerichtet. Abends gegen sechs Uhr sah man schwarz gekleidete Herren mit Zylinder und weißen Handschuhen zum Rathaus eilen. Zur angesagten Zeit erschienen der gewählte Bürgermeister und der Landrat Freiherr von Ledebur, der die Amtseinführung vornahm. Nach der Vereidigung erhielt Bürgermeister Pütz die Ernennungsurkunde aus der Hand des Landrates. Nach dem rathäuslichen Festakt begab sich die Gesellschaft zum „Deutschen Haus" an der Langen Straße, in dem die Damen der Gesellschaft und ein Festmahl auf sie warteten. Der gute Wein hob die Stimmung. Das erste vom Landrat ausgesprochene Hoch galt dem Landesherrn, dem König und Kaiser Wilhelm II. Auch der neue Bürgermeister und seine Gemahlin, die Frau Bürgermeister, wurden mit einem Hoch bedacht. Die Julihitze hatte der Gesellschaft erheblich zugesetzt. Ein Donnergrollen machte auf ein heraufziehendes Gewitter aufmerksam. Ängstliche Damen drängten ihre Männer zum Heimweg. Die meisten Stadtväter jedoch blieben standhaft und verharrten unverdrossen bis zum Ende des Unwetters im „Deutschen Haus", wobei manche Flasche Wein entkorkt wurde.

Der Festsaal wurde in der Folgezeit je nach Bedarf genutzt und umgestaltet. Es wurden Trennwände eingezogen, um den steigenden Raumbedarf zu befriedigen. Am 8. Juli 1921 erhielt die Baukommission eine Eilmeldung aus der Verwaltung: Eine Trennwand war offensichtlich aus dem Lot geraten. Die Stadtverwaltung beauftragte den Architekten Rudolf Bomnüter mit der Überprüfung der Bausubstanz. Bomnüters Urteil fiel vernichtend aus. Er schrieb dem Magistrat am 28. Juli 1921:

Das Rathausgebäude ist seiner Zeit [nach dem Rathausbrand von 1705] entweder von einem Betrüger erbaut worden oder die Stadt war nach dem Brande derartig arm, daß sie große Baukosten nicht tragen konnte und das Gebäude, um zu sparen, unfachmäßig in den Konstruktionen herstellen lassen mußte. [...] Die neben dem Rathause liegende Polizeidiener Wohnung [ehemalige Hauptwache] muß zur gleichen Zeit von demselben Erbauer errichtet sein, denn dort sind dieselben Fehler.

Nach Bomnüter gab es zwei Übelstände im Haus. Erstens fehlte ein Sitzungszimmer, und zweitens war das Treppenhaus abgängig. Dann gab es noch den *dunklen übel duftenden Keller.* Außerdem waren die Fenster schadhaft und undicht. Umbaupläne wurden diskutiert, umgesetzt wurde keiner. Die Inflation und die Wirtschaftsflaute hatten dem Umbau einen Strich durch die Rechnung gemacht. Zu allem Überfluss war die Stadtbank in eine Schieflage geraten. Zum Tagungspunkt *Ausbesserung des Rathauses* für die Magistratssitzung vom 23. Juli 1925 vermerkt das Protokoll lakonisch *abgesetzt.* Technische Neuerungen wurden vorläufig nicht verwirklicht. Es blieb bei der Ofenheizung und dem trüben Licht der Gasfunzeln. Erst der Um- und Anbau von 1935/36 ließ die Übelstände verschwinden.

Festsaal und Ratskeller waren in Vergessenheit geraten. Damit konnte zu dieser Zeit niemand mehr etwas anfangen. Nur ein Bürgerfest hat die Jahrhunderte überdauert, das Bürgerschützenfest.

2

DIE DEKANATSKURIE

Im Jahre 1295 war ein Chorherrenkonvent von Neustadt am Rübenberge an die Lübbecker St.-Andreas-Kirche verlegt worden. Der Konvent war im Jahre 1274 in Ahlden a.d. Aller gegründet worden. Wirtschaftliche Schwierigkeiten und das Schutzbedürfnis der Zeit ließen es geraten sein, einen anderen Ort aufzusuchen. Neustadt am Rübenberge bot sich an. Die Kämpfe der Territorialherren um Herrschaftsrechte wurden existenzbedrohend für die Stiftsherren. Letzte Zuflucht gewährte die befestigte Stadt Lübbecke, in der der Bischof und das Domkapitel dem Stift den Chorteil der St.-Andreas-Kirche als Kirchenraum zuwiesen. Ein Teil des bischöflichen Domhofes in Lübbecke wurde dem Dekan als Wohnort zugeteilt. Der Domhof lag nördlich der Feuerrenne und umfasste ursprünglich ein Areal zwischen Bergertor und Geistwall beiderseits der heutigen Pfarrstraße.

Im Laufe der Jahrhunderte musste der Hof des Dekans bauliche Veränderungen hinnehmen. Gegen Ende des 18. Jahrhunderts war er baufällig geworden, sodass ein Neubau in Angriff genommen werden musste. Ein Massivbau war geplant, der den damaligen Ansprüchen an Komfort genügte. Die finanziellen Möglichkeiten unter dem letzten Dekan Philipp von Cornberg waren jedoch begrenzt. Einer einfacheren und billigeren Lösung wurde der Vorzug gegeben. Es entstand ein Fachwerkbau mit Scheune und Stall, denn Vieh- und Vorratshaltung waren nicht nur in den bürgerlichen Häusern, sondern auch in den Adels- und Kirchenhöfen üblich. Dekan Philipp von Cornberg, mindischer Landrat sowie Domkapitular und späterer Dompropst, bewohnte das neue Gebäude nie. Weilte er in Lübbecke, dann sah er auf seinem Hofgut, dem Burgmannshof zwischen Nieder- und Ostertor, nach dem Rechten.

Als das Stift im Dezember 1810 aufgehoben wurde, fiel das Gebäude an den Fiskus. Die Verwaltung wurde dem preußischen Domänenamt Rahden übertragen, der Wohnteil wurde vermietet. Die Scheune wurde weiter zur Einlagerung des Getreidezehnten genutzt, soweit dieser im Zuge der Bauernbefreiung noch nicht abgelöst war.

Die Königliche Regierung schloss am 17. Juli 1855 im Namen des Fiskus mit der Stadt Lübbecke einen Vertrag über die Abtretung der Dekanatskurie an die Stadt unter dem Vorbehalt, dass der Kornboden zur Einlagerung des Zehnten weiter genutzt werden durfte. Im städtischen Lagerbuch vom Jahre 1867 wird das Gebäude als Küsterhaus mit folgender Beschreibung geführt: *Küsterhaus nebst Hausgarten liegt hinter dem Kirchhofe neben dem Pfarrhause, ist in Steinfachwerk erbaut, ein Stockwerk hoch mit Wohnräumen, einer*

Die Dekanatskurie, Pfarrstraße 3, im Jahre 1986.

Dreschtenne, Ställen und gedieltem Boden. Es ist dem dritten Lehrer zur Wohnung angewiesen außer dem früheren Zehntboden. Es hat 1 Theil [Anteil] an der Pumpe am Bach. Zum Verständnis sei hier angefügt, dass die Pumpen- oder Brunnengemeinschaften immer noch bestanden, wie sie seit mittelalterlichen Tagen gepflegt wurden. Zur Zeit des Vertragsabschlusses unterrichteten vier Lehrer an der Bürgerschule. Der angesprochene dritte Lehrer war als Küster, Organist und Chorleiter auch im Kirchendienst tätig.

Paul Brettschneider, Lehrer, Küster, Organist und Chorleiter, war der letzte seiner Zunft, dem die ehemalige Dekanatskurie als Wohnsitz für seine Familie zugewiesen war. Brettschneider starb am 7. Juli 1954 im Alter von 73 Jahren. Er war von 1910 bis 1946 Lehrer an der Bürgerschule am Markt gewesen, unterbrochen vom Militärdienst während des Ersten Weltkrieges. Brettschneider war vielseitig tätig. Er gründete im Mai 1923 die Lübbecker Orchestervereinigung und setzte damit die Tradition der seit mittelalterlichen Tagen zum Stadtbild gehörenden Stadtmusik fort. Manches Konzert fand unter seiner Stabführung statt. Im Kirchendienst war er als Presbyter und Kirchenrendant tätig. Er erledigte also die bei der Kirchengemeinde anfallenden Büroarbeiten.

Am 29. März 1956 verkaufte die Stadt Lübbecke der evangelisch-lutherischen Kirchengemeinde am Ort das Grundstück Pfarrstraße 3 mit aufstehenden Gebäuden für 30.000 DM. Heute befindet sich in der ehemaligen Dekanatskurie das Gemeindebüro der evangelisch-lutherischen Kirchengemeinde Lübbecke.

3

VON DER KREISSTUBE ZUM KÖNIGLICHEN LANDRATSAMT

Am 20. Dezember 1893 erging ein Schreiben des Mindener Regierungspräsidenten an die ihm unterstellten Landräte. Sie wurden darin aufgefordert, Verwaltungsgebäude errichten zu lassen, die dem Amt einen würdigen Ausdruck verleihen sollten. Das übliche Einmieten in mehr oder weniger passenden Gebäuden war nicht mehr erwünscht. Staatsgelder wurden jedoch nicht in Aussicht gestellt, die Baukosten waren aus den Einnahmen der Kreiskassen aufzubringen.

Das Lübbecker Landratsamt befand sich zu dieser Zeit an der Rahdener Chaussee, der späteren Niedertorstraße, vor den Toren der Stadt im Hause des Kreissekretärs Nordsiek. Er hatte die sogenannte Kreisstube an die Kreisverwaltung vermietet. Um einen repräsentativen Rahmen zu schaffen, zog das Landratsamt im Jahre 1895 in den Burgmannshof am Markt, einen alten Adelshof im Zentrum der Stadt. Dieser genügte den Ansprüchen einer Verwaltung keineswegs. Wackelige Schreibpulte auf unebenen Dielen waren noch zu ertragen, die weiträumigen Stuben konnten jedoch nicht ausreichend beheizt werden. Eisblumen an den Fensterscheiben mochten an winterlichen Tagen schön anzusehen sein, ließen aber eher den Wunsch aufkommen, in einem zeitgemäßen Gebäude zu residieren, in dem die Stuben beheizt und die Fenster dicht waren, sodass die Zugluft nicht das Papier vom Schreibtisch fegen konnte.

Der Landrat und die Kreisstände freundeten sich mit dem Gedanken an, ein repräsentatives Verwaltungsgebäude errichten zu lassen, zumal bekannt geworden war, dass der Nachbarkreis Minden bereits ähnliche Pläne verfolgte.

Der Lübbecker Kreisausschuss begründete den Bau eines Kreishauses in der Sitzung vom 1. Dezember 1908 mit den unerträglichen Bedingungen, unter denen das Personal zu arbeiten hatte und ließ folgende Begründung protokollarisch festhalten: *Die einzelnen Verwaltungs-Zweige: Landratsamt, Kreis-Ausschuß und Steuerabteilung haben nicht mehr genügend Platz. Es fehlt an einem Warteraum für das Publikum, Parteien und Zeugen, wie auch an einem Vorzimmer für den Landrat. Das dunkle Sitzungszimmer ist als Durchgangszimmer nicht länger haltbar. Abort-Verhältnisse u. dergl. sind unerträglich.*

Am 18. Dezember 1908 beschloss der Kreistag, 130.000 Reichsmark für die Beschaffung eines geeigneten Grundstückes und den Bau eines Kreishauses bereitzustellen. Ein Baugelände war bald am Weingarten gefunden. Hier war einmal Stadtgeschichte geschrieben worden. Das Grundstück lag westlich des früheren Bürgerwalles, wo die Bürgerversammlungen bis in das ausgehende 18. Jahrhundert abgehalten wurden. Die

Der Burgmannshof am Markt mit dem Torwärterhaus zwischen Scheune und Herrenhaus um 1950.

Bürger konnten hier im Schutz der Wälle tagen, ohne von Ratsherren und anderen unerwünschten Personen belästigt zu werden. Es handelte sich bei der Lokalität um einen Doppelwall, dessen Graben wegen der Bodenverhältnisse nicht bewässert war.

Nicht weit davon hatte sich der Stadtgalgen befunden, der jedem die Ausübung der hohen Gerichtsbarkeit der Stadt vor Augen führte. Nicht weit davon, beidseitig der heutigen Schützenstraße, lagen die Weingärten, die jedoch nichts mit Weinanbau zu tun hatten. Sie waren städtisches Eigentum. Ihre Pächter hatten den jährlichen Weinkauf an die Stadtkasse zu entrichten. Dieser leitet sich sprachlich von *gewein*, dem Gewinn ab, der aus der Bewirtschaftung erzielt worden war. Es handelte sich also um eine Pachtzahlung.

Als das Landratsamt gebaut werden sollte, war das infrage kommende Grundstück im Besitz des Lübbecker Zimmermeisters Bünemann. Er hatte es nur wenige Monate zuvor von dem Lübbecker Kaufmann Herz Weinberg gekauft. Bünemann verkaufte das Grundstück am 1. Juli 1909 nicht ganz uneigennützig an den Kreis. Der Bau des Landratsamtes sollte ihm eine gute Gelegenheit bieten, seine Handwerkskunst unter Beweis zu stellen.

Am 10. Dezember 1909 wurde das Richtfest im Saal der Gastwirtschaft Hein gefeiert. Die Witwe Hein und ihr Küchenpersonal hatten 500 Butterbrote zu schmieren. 300 Zigarren gingen im blauen Dunst auf. 250 Liter Bier wurden über die Theke gereicht. Wie es die Tradition verlangte, erhielten Maurer und Zimmerleute ein Geldgeschenk. Die Kreiskasse hatte anschließend eine Rechnung von 185 Reichsmark zu begleichen.

Das Jahr 1910 stand unter einem besonderen Stern. Der Halley'sche Komet löste bei den Erdenbürgern nicht nur Erstaunen, sondern auch Besorgnis aus. Die Befürchtung ging um, der Komet könne mit der Erde kollidieren. Er wurde als Menetekel für unmittelbares Unheil gedeutet. Religiöse Gruppierungen machten sich auf das bevorstehende Weltende und das Jüngste Gericht gefasst und waren nicht wenig erstaunt, als gar nichts passierte. Unbeeindruckt vom Himmelsspektakel war am Landratsamt weitergebaut worden.

Ein öffentliches Ärgernis stand auch noch ins Haus: Am 1. Mai, dem Tag der Arbeit, glaubten die Bürger morgens ihren Augen nicht zu trauen. Im konservativen Lübbecke hatten sozialistische Kräfte dem Königlichen Landratsamt eine rote Fahne aufgesetzt. Polizeisergeant Twellmeyer meldete das Vorkommnis pflichtgemäß dem Bürgermeister als Unterer Polizeibehörde. Die Angelegenheit wurde dem Landrat von Ledebur vorgetragen. Dieser verzichtete als Hausherr auf eine Anzeige wegen Hausfriedensbruchs und schrieb dem Bürgermeister: *Ich halte es für am besten, die Sache als einen dummen Witz zu betrachten und den Täter durch Ignoranz zu bestrafen.* Damit war die Sache, die für reichlich Spott an den Stammtischen gesorgt hatte, für die Behörden aus der Welt geschafft.

Die erste Sitzung der Kreistagsabgeordneten im Königlichen Landratsamt fand am 26. September 1910 statt. Preußische Sparsamkeit war dabei angesagt. Auf eine üppige Einweihungsfeier war verzichtet worden. Landrat von Ledebur ließ in seine Rede folgenden Satz einfließen: *Wir verzichten auf ein Fest, auf ein Festmahl und schwungvolle Reden, in dem der eine die Verdienste des anderen rühmt.* Nur Flaggenschmuck auf dem Dach des Landratsamtes zeigte den wichtigen Tag an.

Das Landratsamt im Jahre 1912.

Im Wesentlichen ging es bei der Sitzung am 26. September um die Einführung der elektrischen Beleuchtung. Was die moderne Technik anbelangte, wollte man sich wohltuend vom Lübbecker Rathaus absetzen, wo an kalten Tagen immer noch die Kanonenöfen bullerten und die Schreibstuben von Gaslampen erleuchtet wurden. Im Landratsamt war deshalb eine Dampfheizung installiert worden. Der elektrische Strom ließ auch nicht lange auf sich warten. Bereits 1912 versorgten die Niedersächsischen Kraftwerke das Landratsamt und die Bürgerhäuser mit Strom, während man im Lübbecker Rathaus noch einige Jahre auf diese Bequemlichkeit warten musste.

Zum Landratsamt gehörte ein Nebengebäude für Pferde und Kaleschen. Über den Stallungen befand sich im Dachgeschoß die Wohnung für den Hausmeister und seine Familie. Während auf der Langen Straße in Lübbecke hin und wieder ein „Motorwagen“, ein Auto, vorbeiknatterte, konnte sich Landrat von Ledebur mit diesem neuen Gefährt nicht anfreunden. So ein stinkendes Automobil entsprach nicht seinem Lebens- und Amtsstil. Das sollte sich unter seinem Nachfolger Kurt von Borries nach dem Ersten Weltkrieg ändern. Der Pferdestall wurde zur Garage umgebaut.

Nach dem Zweiten Weltkrieg wurde es zunehmend eng in der Kreisverwaltung. Die Verwaltungsaufgaben nahmen zu. Neue Abteilungen und Zuständigkeiten waren die Folge, Räumlichkeiten mussten angemietet werden. Der Bau eines zusätzlichen Verwaltungstraktes war angesagt. Am 16. August 1963 war schließlich Richtfest. Das anschließende Beisammensein fand, wie schon im Jahre 1909, im Saale der Gastwirtschaft Hein an der Osnabrücker Straße statt. Ein gutes Jahr später konnte die Arbeit in dem Neubau aufgenommen werden. An der Verwaltungsspitze standen damals Landrat Schumacher und Oberkreisdirektor Dr. Huchzermeyer.

Die Kommunalreform der frühen 1970er-Jahre erzwang nach dem Bielefeldgesetz die Aufgabe des Gebäudes. Der Kreis Minden-Lübbecke war aus der Taufe gehoben worden. Seit dem 1. Januar 1973 war Minden Verwaltungsmittelpunkt des Kreises Minden-Lübbecke.

Am 22. Juli 1976 wurde die Stadt Lübbecke Eigentümerin eines Teiles des Kreishauses, denn der Kreis Minden-Lübbecke hatte den Neubau an die Stadt verkauft. Erleichterung herrschte in der Lübbecker Stadtverwaltung. Die auf verschiedene Gebäude verteilten Verwaltungsstellen der Stadt konnten nun zusammengeführt werden.

Die räumliche Situation verbesserte sich nochmals, als die Stadt Lübbecke am 9. März 1994 den Altbau, das ehemalige Königliche Landratsamt, erwarb. Zu den Vertragsbedingungen gehörte die Ablösung des jährlichen Zuschusses des Kreises für das Museum im Burgmannshof am Markt. Es gab weitere Sonderregelungen. Zur Zeit des Vertragsabschlusses unterhielt der Kreis im Altbau Teile des Straßenbauamtes, des Katasteramtes sowie soziale Dienste und eine Kfz-Zulassungsstelle. Mit Ausnahme der Zulassungsstelle wurden die übrigen Dienststellen abgezogen. Davon war auch der Kirchenkreis Lübbecke betroffen, der in dem Gebäude eine Erziehungsberatungsstelle unterhielt.

Das ehemalige Königliche Landratsamt wurde ab 24. Januar 2011 unter Denkmalschutz gestellt.

4

DIE KINDERSCHULEN AN DER KAPITELSTRASSE

Im Jahr des Hungerwinters 1846 rief ein Lübbecker Bürgerkomitee zur Gründung einer Kinderbewahranstalt auf und appellierte an die Mildtätigkeit betuchter Bürger, einen Beitrag zur Gründung eines Hilfsfonds zu leisten. Im Stadtrat hatte sich die Ansicht durchgesetzt, dass die Verwahrlosung von Kindern nicht achselzuckend hingenommen werden dürfe. Das alltägliche Bild bettelnder Kinder zeigte jedem Bürger, dass soziales Elend nicht allein mit Suppenküchen und Almosen zu bekämpfen war. Ein Armenhof in der Tradition des aufgegebenen Heiligen-Geist-Hospitals, der Bedürftigen Schutz und Unterkunft bot, sollte eingerichtet werden. Ihm war eine Kinderbewahranstalt anzugliedern. Bürgermeister Strubberg schlug vor, *die Besitzung der Meyerschen Erben am Kirchhof aufzukaufen,* um einen neuen Armenhof einzurichten. Bei dem Meyer'schen Hof handelte es sich um zwei ehemalige Höfe des St.-Andreas-Stiftes. Der Gebäudekomplex bestand aus drei Wohnhäusern, zwei Scheunen und zwei Ställen. Die Hofgrundstücke machen heute den größten Teil des Alten- und Pflegeheimes an der St.-Andreas-Kirche aus.

In der Sitzung des Armenhauskomitees vom 2. September 1848 wurde der Beschluss gefasst, die Meyer'sche Besitzung anzukaufen. Hier sollten die im Armenhof wohnenden Erwachsenen mit Spinnen, Weben und landwirtschaftlichen Arbeiten beschäftigt werden. Dabei sollten ihnen Kinder, die dem Armenhof zugewiesen waren, ihrem Alter gemäß Hilfe leisten. Die dem Armenhof angeschlossene Kinderbewahranstalt, die allen Bürgerkindern offenstand, sollte nur wenige Jahre bestehen.

Ständige Streitereien zwischen der Stadtverwaltung und Pfarrer Möller von der evangelischen Gemeinde um Armenvermögen und Aufsicht führten schließlich dazu, dass die *Armen- und Bewahranstalt,* wie die Institution offiziell hieß, nach wenigen Jahren geschlossen werden musste. Pfarrer Möller ließ kein gutes Haar an der Einrichtung. Er unterstellte dem Armenhof, dass auf eine christliche Erziehung wenig Wert gelegt werde.

Die finanzielle und materielle Ausstattung der Armen- und Bewahranstalt ließ zu wünschen übrig. Obwohl Spenden eingingen, reichten die Zuwendungen von privater Hand nicht aus, um die Anstalt mit dem Nötigsten zu versorgen. Schließlich übernahm das von der Diakonissenanstalt Kaiserswerth empfohlene Ehepaar Knoos die Führung der Lübbecker Einrichtung. Knoos brachte als gelernter Schneider das gewünschte handwerkliche Geschick mit. Die Führung einer solchen Anstalt hätte selbst den Gutwilligsten überfordert. Es kam, wie es kommen musste. Im Dezember 1857 wurden die

Kleinkinderbewahranstalt und der Armenhof aufgegeben. Die Pflegebedürftigen des Armenhofes wurden in privaten Familien untergebracht, wobei aus dem Armenfonds ein Kostenbeitrag gezahlt wurde. Nach Ansicht einiger Ratsherren war das billiger als der Unterhalt des Armenhofes. Folgerichtig wurde das Inventar des Armenhofes nach und nach verkauft. Der zugehörige Garten wurde verpachtet und die einzige Kuh geschlachtet.

Zwei Jahrzehnte später befasste sich der Stadtrat erneut mit der Gründung einer Kinderbewahranstalt. Eine Denkschrift eines ungenannten Autors war erschienen, in der dieser das soziale Elend beklagte, hervorgerufen durch Verstädterung und Industrialisierung. Bettelnde Kinder, nur notdürftig bekleidet, waren in Stadt und Land damals ein alltäglicher Anblick. Während nach Ansicht des Autors Vater und Mutter ihrer Arbeit in den Fabrikhallen oder als Heimarbeiter nachgingen, waren die Kinder sich selbst überlassen. Sie waren jeder Ordnung entwöhnt, während die überbehüteten Kinder der vornehmen Familien sich zu launischen kleinen Tyrannen entwickelten. So jedenfalls sah es der Verfasser.

Auch in Lübbecke wurde der Ruf nach einer Kleinkinderschule, wie es jetzt hieß, vernehmlicher. Der Stadtrat war kaum zu überzeugen und schob Geldmangel vor, während Bürgermeister Lüders ehrenamtliche Tätigkeit forderte, wobei er den Vaterländischen Frauenverein im Auge hatte. Tatsächlich waren die Damen nicht abgeneigt. Damit glaubte die Stadtverwaltung, ihre Pflicht und Schuldigkeit getan zu haben. Die Damen vom Vaterländischen Frauenverein fühlten sich bald überfordert, mit unruhigen und quengeligen Kindern umzugehen, zumal geeignetere Räumlichkeiten nicht zur Verfügung gestellt wurden. Die 1879 eröffnete Kleinkinderschule wurde vier Jahre später wieder geschlossen.

Die Kirche fühlte sich berufen, der Forderung nach einer Kleinkinderschule entgegenzukommen. Am Sonntag, dem 8. Oktober 1899, wurde die Kleinkinderschule unter Aufsicht der Kirche in derselben Lokalität eröffnet, die schon einmal die Armen- und Bewahranstalt beherbergt hatte. Pastor Priester, Pfarrer der evangelischen Gemeinde, wies in seiner Festansprache auf die räumlichen Schwierigkeiten hin. Bei Weihnachtsfeiern griff man auf die Saalangebote der Gastwirte zurück. So fand die Weihnachtsfeier der Kleinkinderschule am 22. Dezember 1902 im Saale des Hotels Wellmann statt.

Allen Beteiligten war klar, dass die Unterbringung nicht von Dauer sein konnte. Im Jahre 1906 wurden vonseiten der Stadt und der Kirche die Vorbereitungen für den Bau einer Kleinkinderschule getroffen. Am 27. September 1908 war es soweit: Die Kleinkinderschule an der Kapitelstraße konnte eingeweiht werden. An diesem Tag kamen nachmittags zahlreiche Bürger vor dem Armen- und Siechenhaus, so die neue Bezeichnung, zusammen, um an dem Auszug der Kinderschar und der anschließenden Einweihung teilzunehmen.

Nach der Ansprache von Pastor Güse folgte der Auszug aus dem alten Gemäuer, das einmal Wohnstätte der Stiftsherren gewesen war. Begleitet von mehreren Aufsichtspersonen, marschierte eine muntere Kinderschar in einem wohlgeordneten Zug

Auf der linken Bildhälfte sieht man den Kindergarten an der Kapitelstraße um 1930.

ihrem Ziel entgegen, der Kleinkinderschule an der Kapitelstraße. Dem Zug schlossen sich Bürgermeister, Vertreter der Stadtverwaltung und Kirche an. Vor dem Eingangsportal unter dem Spruchstein „Lasset die Kindlein zu mir kommen" nahm Pfarrer Güse aus der Hand von Architekt Kramer die Hausschlüssel entgegen. Die Flügeltür wurde geöffnet und unter munterem Geplapper nahm die Kinderschar ihr neues Zuhause in Besitz.

Der Kindergarten an der Kapitelstraße, in dem Scharen von Lübbecker Bürgerkindern betreut wurden, hatte 1990 ausgedient. Am 2. September des Jahres wurde der neue Kindergarten an der Wittekindstraße bezogen. Der historische und bauliche Wert des Altgebäudes führte am 27. Mai 1987 zur Aufnahme in die Denkmalliste. Heute ist in dem Gebäude „Die Brücke" untergebracht, ein Treffpunkt von Seniorinnen und Senioren.

5

EIN BURGMANNSHOF AM GÄNSEMARKT

Die „Bauernbefreiung" und die im frühen 19. Jahrhundert einsetzende Gewerbefreiheit leiteten eine Zeit wirtschaftlicher und gesellschaftlicher Neuorientierung ein. Gutsverbände lösten sich auf, bäuerliche Abhängigkeiten wurden nach und nach abgelöst. Persönliche Freiheit bedeutete aber auch, Risiken ausgesetzt zu sein. Mancher Gutshof, mancher Bauernhof war den neuen Belastungen, sei es als Besteuerung oder als Ablösungssumme für entgangene Einnahmen der Gutsherren, nicht gewachsen und kam unter den Hammer. So geschehen am 24. August 1814: Das Mindener Tribunal hatte die Versteigerung des vor Lübbecke gelegenen Gutes Renkhausen und zweier Hofgüter in Lübbecke angesetzt. Davon lag ein Hofgut am Gänsemarkt. Dieser Hof, damals noch als Hofgut der Familie von Barkhausen bekannt, war bereits zu Beginn des 17. Jahrhunderts in die Hände der Familie von Korff gelangt. Die Korffs waren jedoch durch die Wirren der Zeit in Geldnot geraten, Zwangsversteigerungen waren die Folge. Zum Hof am Gänsemarkt gehörten vier Gebäudeteile, nämlich Wohnhaus, Backhaus, Vorwerk sowie eine Scheune mit Schafstall. Die zum Hof gehörende Brinkmühle lag vor dem Niedertor. Zum Hofgut gehörten außerdem zwei Kirchenstühle und mehrere Begräbnisstätten in der Kirche. Zur Zeit der Tribunalausschreibung waren noch 14 Bauernhöfe an das Lübbecker Hofgut abgabe- und leistungspflichtig, die aus mittelalterlichen Tagen überkommenen Verpflichtungen waren noch nicht vollständig abgelöst.

Hauptmann Jacob Strubberg aus Lübbecke ersteigerte den Hof, geriet aber in finanzielle Schwierigkeiten, sodass der Hof erneut unter den Hammer kam. Am 28. Juni 1830 wurde er dem Gutsbesitzer, Kaufmann und Immobilienhändler Carl Stille zugeschlagen. Stilles Wohnsitz war jedoch Gut Renkhausen vor den Toren der Stadt, sodass sich ein Verwalter um den Lübbecker Hof kümmerte. Im Jahre 1845 hatte der Hof einen Schätzwert von 3.000 Reichstalern. Damit gehörte er in der Werteskala der Lübbecker Häuser und Höfe zu den ersten Adressen in der Stadt.

Im Jahre 1853 gab es in Lübbecke ein städtebauliches Ereignis. Anstelle des wenig ansehnlichen, früheren Adelshofes mit einem markanten, zum Gänsemarkt gerichteten Eckturm entstand ein klassizistischer Bau, ein vornehmes Herrenhaus mit Freitreppe und Balkon. Carl Stille verstarb, während er den Umzug nach Lübbecke plante. Seine Witwe Agathe Stille, geborene Heidsiek, nahm von der geplanten Übersiedlung nach Lübbecke Abstand und behielt ihren Wohnsitz auf Renkhausen. Bekannt für ihre christliche Wohltätigkeit, stiftete sie die Isenstedter Kirche. Sie starb noch vor der Vollendung der Kirche im Jahre 1874. Das Erbe trat ihre Tochter Maria an, die mit dem Mindener Regierungsrat Süs verheiratet war. Das vornehme Lübbecker Hofgut wurde von Marias Schwägerin Ottilie, geborene Süs, und deren Mann, dem Arzt Dr. Jobst Graffunder, bewohnt.

Dr. Graffunder hatte ein abenteuerliches Leben hinter sich gebracht, bevor er die Ehe mit Ottilie Süs einging und als Kreisarzt in Lübbecke tätig wurde. Der 1812 in Küstrin geborene Graffunder war während seines Medizinstudiums in Greifswald der Burschenschaft „Alte Arminia Greifswald“ beigetreten, die von der überkommenen Standesgesellschaft und ihren feudalen Strukturen wenig hielt und stattdessen freiheitliche, demokratische Ideale verkörperte. Damit geriet der Student Graffunder in Konflikt mit den herrschenden politischen Kreisen. Graffunder, dem demagogische Umtriebigkeit vorgeworfen wurde, landete im Gefängnis, wo er den Jurastudenten und kommenden Dichter Fritz Reuter kennenlernte, dem er zeit seines Lebens verbunden blieb. Reuter verarbeitete das Thema später literarisch in seiner Darstellung „Ut mine Festungstid“ (Olle Kamellen II). Beide Zellengenossen wurden des Hochverrats bezichtigt. Den zum Tode verurteilten Graffunder bewahrte eine Amnestie vor der Vollstreckung des Urteils. Dieses wurde in eine Haftstrafe umgewandelt. Auf Betreiben Alexander von Humboldts wurde Graffunder im Juni 1840 aus der Haft entlassen mit der Verpflichtung, sich politischer Umtriebe zu enthalten. Graffunder setzte das Medizinstudium erfolgreich fort. Er praktizierte zwischen 1843 und 1850 in Petershagen und Minden. Danach wurde er in Lübbecke ansässig und erhielt die Berufung zum Kreisarzt.

Jobst Graffunders Ehe mit Ottilie Süs blieb kinderlos. Das geräumige Anwesen sollte nach dem Willen der Frau Dr. Graffunder, wie die formelle Anrede hieß, nicht allein standesgemäßen herrschaftlichen Glanz verbreiten. Frau Graffunder eröffnete ein Mädchenpensionat, in dem die höheren Töchter, wie es damals hieß, auf ihre künftige gesellschaftliche Stellung vorbereitet wurden. Haushaltsführung war ein Pflichtfach. Für die praktische Küche gab es das Kochbuch der Henriette Davidis, das bereits einen Siegeszug durch die deutschen Küchen angetreten hatte. Die Autorin war in Lübbecke keine Unbekannte. Henriette Davidis war im benachbarten Levern einmal als Köchin im „Gasthof zur grünen Linde“ tätig gewesen. Hier bediente ihr Onkel die Poststation.

Zu Dr. Graffunders 50-jährigem Doktorjubiläum gab der „Club 1841“, dessen Mitglieder der gehobenen Bürgergesellschaft angehörten, am 28. Juni 1892 im „Deutschen Haus“ ein Festessen zu Ehren des Sanitätsrates für seine langjährige Tätigkeit in Lübbecke. Für den Lübbecker „Gemischten Chor“ war es eine Ehre, ihm ein Ständchen zu bringen, denn Dr. Graffunder hatte bald nach Aufnahme seiner Tätigkeit in Lübbecke zusammen mit seiner Frau den „Gemischten Chor“ gegründet. Außerdem war im März 1879 auf Betreiben Frau Graffunders der Vaterländische Frauenverein, Vorläufer des Deutschen Roten Kreuzes in Lübbecke, gegründet worden.

Auch die Ärzteschaft des Kreises Lübbecke sowie Sanitätsrat Dr. Hartmann aus Lintorf hatten es sich nicht nehmen lassen, dem Jubilar ihre Referenz zu erweisen. Am 1. Juli 1892 gab es einen festlichen Empfang im Hotel Wellmann. Als Dr. Graffunder nebst Gattin den Saal betrat, wurde das Ehepaar mit einem Tusch der örtlichen Feuerwehrkapelle empfangen. Höhepunk der Tafelrunde war die Auszeichnung des Geehrten mit dem Roten Adlerorden. Bürgermeister Lüders brachte einen Toast auf den Jubilar aus. Ihm schloss sich Dr. Hartmann an, der sich an die Frau des Geehrten wandte. Es wurde eine sangesfreudige Tafelrunde, bei der sich Studenten- und Volkslieder abwechselten. Dr. Hartmann, obwohl im benachbarten niedersächsischen Kreis Wittlage beheimatet, war in Lübbecke kein Unbekannter. Er war der Verfasser eines bekannten Buches, das den Titel „Wanderungen durch das Wittekinds- oder Wiehengebirge" trug und 1876 erschienen war.

Dr. Graffunder starb am 30. November 1894 in Lübbecke. Im Sommer des Jahres war das Haus noch glanzvoller Mittelpunkt des Schützenfestes gewesen, als man glaubte, ein Jubiläum begehen zu können. Schließlich stammt das älteste Reglement der Lübbecker Schützen aus dem Jahre 1492, dieses enthält jedoch lediglich Anweisungen für den Waffengebrauch. Das Schützenfest selbst ist hingegen älter.

Ottilie Graffunder starb am 5. Februar 1904 auf dem Hofgut in Lübbecke, wo sie ihre letzten Jahre mit ihren beiden Pflegetöchtern Alwine und Minna Feldmann verbracht hatte. Der gesellschaftliche Glanz des Hauses am Gänsemarkt war verblasst. Eigentümer war der frühere Mindener Regierungsrat Süs, Bruder der Verstorbenen. Der Name Süs sollte noch lange im Gedächtnis der Lübbecker Bürger bleiben. Er wurde mit einem Flurstück in Verbindung gebracht – bekannt waren in Lübbecke die „Süs'schen Wiesen" zwischen Pettenpohl und dem Bahnhof. Gastierte ein Zirkus in Lübbecke, dann wurden ihm gewöhnlich die „Süs'schen Wiesen" als Standort zugewiesen, wobei der Bahnhof den Zirkusleuten als nahe Transportstation entgegenkam.

Im März des Jahres 1910 ging das Hofgut am Gänsemarkt in den Besitz des Bäckermeisters Heinrich Spilker über. Scheune und Schafstall wurden zu einem Saal umgebaut, der die übrigen Säle der Gasthäuser an Größe und Ausstattung übertraf. Das „Lübbecker Kreisblatt" schrieb in seiner Ausgabe vom 18. April 1914, nachdem der Saal fertiggestellt war: *An der Decke und an den Seiten flutet aus einer Unmenge von elektrischen Glühlichtern eine sehr große Menge Licht, das den Raum taghell erleuchtet.* Zum Spilker'schen Saal gehörte eine Bühne, die für Theater und Filmvorführungen geeignet war. Das Herrenhaus war ein Gasthof geworden, das unter dem Namen „Hotel Bürgerpark" um Kundschaft warb.

Am 7. September 1918 fand im Saale Spilker eine Sondervorstellung für den Magistrat und die Stadtverordneten statt. Spilker hatte die finanziellen Möglichkeiten der Filmwelt entdeckt, die „Bürgerpark Lichtspiele" waren im Kommen. Obwohl sich der Krieg dem Ende zuneigte, wurden noch Filme gezeigt, die die Siegeskraft der deutschen Armee darstellen sollten. In der Sondervorstellung wurde ein sogenannter militäramtlicher Film gezeigt, der von Marschmusik begleitet wurde. Noch einmal wurde an die vaterländischen Gefühle appelliert. Es sollte nur wenige Monate dauern, bis derartige Filme, die den Krieg verherrlichten, nicht mehr gefragt waren. Das Publikum wollte in jener trübseligen Zeit aufgeheitert werden. Im Weihnachtsprogramm des Jahres 1918 lief in den „Bürgerpark Lichtspielen" der Streifen „Paulchen heiratet seine Schwiegermutter".

Im Jahre 1919 wurde das Areal des ehemaligen Hofgutes geteilt. Die Stadtverwaltung suchte dringend neue Räumlichkeiten, weil die Zustände im Rathaus am Markt

Haus Gänsemarkt 1, das frühere Stille'sche Hofgut, um 1950.

als unzumutbar empfunden wurden. In seltener Einigkeit hatten sich Magistrat, Stadtverordnete und Finanzausschuss dafür ausgesprochen, Gasthof und Bäckerei Spilker am Gänsemarkt anzukaufen. Davon unberührt blieb das übrige Grundstück mit dem Kino. Am 28. November 1919 wurde der Kaufvertrag zwischen Gastwirt Heinrich Spilker und der Stadt Lübbecke, vertreten von Bürgermeister Pütz, unterzeichnet. Der Ankauf war notwendig geworden, weil sich die Stadt um den Standort eines Zoll- und eines Finanzamtes beworben hatte. Lübbecke konnte den Zuschlag nur dann erhalten, wenn angemessene Räumlichkeiten zur Verfügung gestellt werden konnten.

Die Stadtverwaltung wollte zugunsten des Zollamtes auf das Rathaus am Markt verzichten, um selbst in das Herrschaftshaus am Gänsemarkt zusammen mit dem Finanzamt einzuziehen. Wer aber sollte die obere und wer die untere Etage beziehen? Die besseren Räume lagen in der oberen Etage. Um jedem Streit aus dem Wege zu gehen und den Standort für das Finanzamt nicht zu gefährden, verzichtete die Stadt auf einen Umzug. Von 1920 bis 1939 war das Herrschaftshaus am Gänsemarkt an das Finanzamt vermietet. Das Zollamt erhielt Räume im Haus Osthoff, Bergertorstraße 3. Während des Zweiten Weltkrieges war die NSV (Nationalsozialistische Volkswohlfahrt) im Haus am Gänsemarkt untergebracht. Nach Kriegsende folgten die britische Kommandantur sowie Polizei und Stadtbücherei. Die Stadt verkaufte das Gebäude 1964 an den Apotheker Dr. Karl-Wilhelm Leue, der das Gebäude abbrechen und einen Neubau errichten ließ, in dem sich heute die Gänsemarkt-Apotheke befindet.

6

VOM ADELSHOF ZUM SCHÄBIGEN MIETSHAUS – DER TRIBBENHOF

Im Jahre 1966 wurde der Tribbenhof am Markt ein Opfer der Stadtplaner. Der Hofname geht auf die ritterbürtige Familie von Gehle, genannt Tribbe, zurück. Auch die Fiegenburg am Fuße des Limberges in der benachbarten Grafschaft Ravensberg war einmal in ihrem Besitz. In Lübbecke gehörte die Familie aufgrund ihres Standes zu den ratsfähigen Familien und stellte wiederholt Ratsherren und Bürgermeister.

Die Besitzer des Tribbenhofes hatten im Laufe der Zeit gewechselt. Im Jahre 1788 war der Propst des Stiftes Levern, der preußische Staatsminister Julius August von der Horst, Eigentümer des Hofes. Er schenkte der Stadt einen Teil des Hofgeländes für den gewünschten Neubau einer Schule. Der restliche Teil des Hofes kam auf dem Tauschweg an das Stift Levern und wurde im Zuge der Säkularisierung der staatlichen Domänenverwaltung unterstellt.

Als die Lübbecker Stadtschule am Kirchhof, ein Fachwerkbau, um 1800 wegen Baufälligkeit einzustürzen drohte, war guter Rat teuer. Das Hofgelände des Tribbenhofes bot sich für einen Schulbau an. Der Stadtrat winkte jedoch ab. Das Einkommen der Stadtkasse war zu gering, um ein solches Unterfangen realisieren zu können.

Fast drei Jahrzehnte mussten die Lübbecker warten, bis ein neuer Schulbau am Markt bezogen werden konnte. In der Zwischenzeit waren Räume für den Unterricht angemietet worden. Die napoleonischen Kriege, das Intermezzo im „französischen" Königreich Westfalen und eine kurze Zugehörigkeit zum Kaiserreich Frankreich sorgten dafür, dass die Stadt ausgehungert und wieder einmal pleite war. Die Mieten für die Schulräume mussten eingespart werden. Also entschloss man sich, einen Teil des Rathauses in ein Schullokal umzufunktionieren. Nach einer langen Wartezeit war es am 27. Mai des Jahres 1829 soweit, dass ein Schulneubau auf dem Hofgelände des Tribbenhofes eingeweiht werden konnte. Wo einmal eine ritterbürtige Familie einen standesgemäßen Hof besessen hatte, tobte jetzt in den Pausen eine vergnügte Kinderschar.

Am 24. Juni 1863 ging der restliche Tribbenhof an die Stadt Lübbecke als Eigentümerin über. Aus dem einmal ansehnlichen Stadthof war ein unansehnlicher, schon etwas brüchiger Fachwerkbau geworden. Das Bauamt hatte seine Gerätschaften in dem Scheunenteil des Hofes abgestellt. Die Stadt verschaffte sich eine kleine Einnahmequelle dadurch, dass sie die Wohnräume in dem verbliebenen Hofteil vermietete. Hier fand sich bald ein buntes Völkchen zusammen.

Im Jahre 1864 wohnte hier der städtische Ausrufer Heinrich Gärtner mit Familie. Weitere Mieter waren die Familie des Stuhlmachers Christian Redeker, der Zigarrenarbeiter Buskühl, der Tischler Nolte und der Weber Segott, insgesamt neun Personen. Reparaturen wurden von der Stadt nur nachlässig und häufig unzureichend durchgeführt. Das Haus war dem allmählichen Verfall preisgegeben. Aus einem angesehenen Adelshof war ein heruntergekommenes Mietshaus geworden.

Der Hofbrunnen gehörte zu den Überbleibseln des Tribbenhofes. Der frühere Ziehbrunnen hatte jetzt eine Pumpe erhalten, die Zahl der Pumpenberechtigten war festgelegt. Das waren alle Bewohner des ehemaligen Hofgeländes, nämlich die Mieter im verbliebenen Hofgebäude und die Schule.

Am 30. Mai 1903 schloss die Stadtverwaltung mit dem Zigarrenarbeiter Christian Rosenbohm einen Mietvertrag, der am 7. Februar 1911 erneuert wurde. In dem Vertrag hieß es unter anderem: *Der Mieter muss der Stadt die Mitbenutzung der vor dem Haus stehenden Pumpe gestatten; er hat dafür zu sorgen, dass letztere bei Frostwetter geschützt wird.* Und weiter: *Dem Mieter ist es strengstens untersagt, fremde umherziehende Personen zum Zwecke der Beherbergung in das gemietete Haus aufzunehmen. Als Kostgänger darf er nur solche Personen aufnehmen, welche hier in Arbeit stehen und polizeilich gemeldet sind.* Dieser Passus sollte später noch zu Streitfällen führen.

Als im Ersten Weltkrieg wegen der allgemeinen Knappheit auch Brennstoffe rationiert wurden, wandte sich Frau Rosenbohm an den Magistrat und bat wegen des herrschenden Petroleummangels um Verlegung einer Gasleitung in das *städtische Gebäude Markt No. 16.* Sie begründete ihren Antrag damit, dass sie erwerbstätig sei und nur in den Abendstunden ihrer Arbeit als Hausfrau nachgehen könne. Sie habe fünf Kinder von fünf bis vierzehn Jahren zu versorgen, außerdem sei ihr Mann zum Kriegsdienst eingezogen.

Das Tribbenhaus war nicht an das Stromnetz angeschlossen, und Frau Rosenbohm dachte nicht an einen Gasherd, sondern an eine Lampe. Sie fand im Rathaus Gehör, in dem man es gewohnt war, im Schein von Gaslampen zu arbeiten. Elektrisches Licht war hier noch Zukunftsmusik.

Im August 1917 stand ein neues Malheur ins Haus. Am 4. August erschien Frau Rosenbohm im Rathaus und erklärte: *Die Pumpe an dem Haus Markt 16 ist entzwei. Sie gibt kein Wasser. Es ist anscheinend der Eimer abgerissen durch den vielen Gebrauch der Pumpe durch die Schulkinder.* Es sollte nicht lange dauern und Frau Rosenbohm wurde wieder im Rathaus vorstellig. Am 15. November beklagte sie sich darüber, dass die Kellertür im Haus fehle. Sie fürchtete um ihre eingekellerten Kartoffeln, die bei den bald einsetzenden winterlichen Temperaturen Frostschäden davontragen könnten. Bürgermeister Pütz wies den Stadtarbeiter Riechmann an, aus den im Schulkeller lagernden Brettern eine Kellertür anzufertigen. Offen blieb in dem Fall, wer die alte Kellertür aus Mangel an Brennholz verfeuert hatte.

Nach dem Auszug der Familie Rosenbohm folgten in den 1930er-Jahren kurzfristig weitere Mieter. Der Scheunenteil blieb städtischen Gerätschaften vorbehalten. Offiziell wurde dieser Teil als städtisches Magazin geführt.

In der Bildmitte das Restgebäude des ehemaligen Tribbenhofes am Markt um 1930.

Im Zweiten Weltkrieg wurden Evakuierte aus den zerbombten deutschen Großstädten eingewiesen. Der Scheunenteil war in der Zeit der Rationierung Tanklager für die städtischen Fahrzeuge. Am 24. März 1945 fiel eine Bombe auf den Marktplatz und verfehlte um einige Meter den Tribbenhof. Zwei alte Lindenbäume wurden entwurzelt, eine Straßenlaterne ging zu Bruch. Die Wochenmarktbesucher, durch die Sirene vorgewarnt, hatten sich vorher in Sicherheit bringen können. Beschädigt wurden auch das Rathaus sowie die Häuser Pötting und Koepsell. In Mitleidenschaft gezogen wurde die Volksschule am Markt. In der Langen Straße zerstörte ein Bombentreffer die Häuser Klute und Wippermann.

Bis in die 1960er-Jahre folgten im Haus Nummer 16 am Markt weitere Mieter. Infolge von Mieterhöhungen kam es zu Protesten der Mieter, die der Stadtverwaltung zu Recht mangelnde Pflege des Hauses vorwarfen. Die Stadtverwaltung sah jedoch keinen Grund zum Handeln. Sie hielt das Haus, geschichtsvergessen wie der Stadtrat war, für abgängig. Die Stadtsanierung nahm Formen an, das Haus war hingegen nur hinderlich. Die Pläne von Hempel, Ibrügger und Deilmann lagen in den Schubladen der Verwaltung. Nachdem der Marktplatz gerade mit Jungbäumen bepflanzt worden war, glaubten die Lübbecker ihren Augen nicht zu trauen: Die Neubepflanzung wurde beseitigt und der Platz eingeebnet.

Nach den Beschlüssen des Stadtrates vom 26. September 1963 und 19. März des folgenden Jahres war der Weg freigegeben, die Marktplatzsanierung einzuleiten. Im Zuge der fragwürdigen Sanierung wurde das letzte Gebäude des ehemaligen Tribbenhofes 1966 abgebrochen.

7

ES BRAUT SICH ETWAS ZUSAMMEN – BÄCKER, BRAUER UND DIE FAMILIE BÖHNE

Das denkmalgeschützte Haus Bäckerstraße 32 zeugt von einer Zeit, als das Handwerk der Bäcker und der Brauer noch in einer Hand lag. Die städtische Brauordnung von 1713 wies den zwölf Bäckereien dieselbe Anzahl von Braustellen zu. Das seit mittelalterlichen Tagen überkommene System war zu dieser Zeit bereits abgeändert worden, indem man Ausnahmen zugelassen hatte. Bei der Versammlung der Bierbrauer am 8. September 1753 im Rathaus waren nicht nur Bäcker anwesend, sondern auch der Posthalter Lederer, der die Reisenden mit Selbstgebrautem zu versorgen pflegte. Das Zusammengebraute des Posthalters und das einiger Bäcker führte häufig zu Klagen über die mäßige Qualität des Lübbecker Bieres. Die im Rathaus Versammelten mussten sich wieder einmal eine Standpauke des Bürgermeisters anhören. Seine Forderung nach besserer Bierqualität war jedoch im Schlendrian des Tagesgeschäftes schnell vergessen.

Aus heutiger Sicht sollte man meinen, dass zwölf Braustellen in Lübbecke genügt hätten, um den täglichen Bedarf zu befriedigen. Nicht nur Klagen über das mäßige Lübbecker Bier wurden im Rathaus vorgebracht, sondern auch solche über die Versorgung. An manchen Markttagen gab es wütende Kunden, die nicht verstehen konnten, dass kein Bier mehr ausgeschenkt wurde. Die Bäcker, die auch Wirte waren und in der Gaststube neben den Brotregalen ihr *Braussel* verkauften, hatten allerhand Ausreden parat, um den Vorwürfen begegnen zu können. Beliebt war die Ausrede, dass das frisch gebraute Bier noch nicht der Qualitätsprüfung unterzogen worden war, wie es der Brauch erforderte. Die Gewerbeaufsicht lag bei der Stadtverwaltung. Ihr oblag die Qualitätsprüfung, die an Ort und Stelle ausgeführt wurde. Die städtische Aufsicht bestimmte auch die Höhe des Preises. Prüfer waren für gewöhnlich ein Verwaltungs- und ein Ratsmitglied.

Im Jahre 1717 ließ der Magistrat wieder einmal die Braustellen kontrollieren. Die Kontrolleure stellten fest, dass die Gerätschaften häufig defekt waren und dass nur eine Braupfanne vorhanden war. Am 24. Mai 1717 *erließen Ritterschaft, Bürgermeister und Rat* eine neue Brauordnung. Jetzt wurden pro Braustelle zwei Braupfannen vorgeschrieben. Um die Bürgerschaft zu informieren, wurde die neue Brauordnung am 4. Juli 1717 während des Gottesdienstes in der St.-Andreas-Kirche verlesen.

Die neue Brauordnung bewirkte so gut wie gar nichts. Schließlich griff der Magistrat zum letzten Mittel und drohte Lizenzentzug an. Die gewünschte Wirkung blieb allerdings auch hier aus. Die Brauer beklagten sich ihrerseits über mangelnde Kundschaft aus den umliegenden Dörfern. Bier war auf dem Lande weniger gefragt, hier sprach man lieber dem Branntwein zu.

Auch der heimische Adel versuchte, wenn auch unstandesgemäß, sich in das Geschäft der Brauer und Brenner einzumischen. Im Jahre 1732 beschwerte sich der Lübbecker Akzise-Inspektor (staatlicher Steuereinnehmer) bei der Kriegs- und Domänenkammer Minden über den Freiherrn von Gehle auf Hollwinkel. Dieser hatte in *seinem Dorf Hehme* (Hedem) die Bierbrauerei zugelassen. Die Beschwerde der Lübbecker Brauer wurde von der Kammer mit der Begründung zurückgewiesen, dass der Bierausschank in dem besagten Ort nur Krügern gestattet sei, die zu den Eigenbehörigen des Gutes zählten. Unter einem Krüger verstand man den örtlichen Gastwirt. Ausgeschenkt wurde nicht in Gläsern, sondern in Krügen.

Zu den Bäckern und Brauern in Lübbecke gehörte gegen Ende des 18. Jahrhunderts Christoph Böhne. Sein Name wird 1798 aktenkundig, nachdem er sich auf einen Streit mit dem Ratsdiener Fangmeier eingelassen hatte, dem die Aufgabe übertragen war, Gewerbekontrollen durchzuführen. Brote, Semmeln und Zwieback wurden nachgewogen, die Lagerung begutachtet und Kostproben genommen. Nun hatte Fangmeier nach Bäcker Böhnes Ansicht seine Kompetenz überschritten, als er einen mit Broten gefüllten Sack öffnete und kontrollierte. Dieses Vorgehen war in den Augen des Bäckers eine Amtsanmaßung. Lauthals beschwerte er sich darüber, dass Fangmeier Kisten, Schränke und Behältnisse nach Belieben öffne, um darin herumschnüffeln zu können. Im amtlichen Protokoll hieß es später dazu: *Böhne hat einen großen Lärm angefangen und es hat einen großen Wortwechsel gegeben.* Im Übrigen konnte Böhne zufrieden sein. Alles Überprüfte hatte seine vorgeschriebene Ordnung gehabt.

Im Jahre 1807 wurden wieder einmal Klagen über untergewichtiges Brot laut. Im Juli des Jahres erhielten die Bäcker Besuch von den Ordnungshütern der Stadtverwaltung. Am 18. Juli erschienen Senator Bahre und Stadtsekretär Stuve in der Bäckerei Böhne im Haus Bäckerstraße 63 (heute Bäckerstraße 28). Beim Nachwiegen stellten die beiden Herren fest, dass beim Auswiegen der Weißbrote vier Lot an dem vorgeschriebenen Gewicht von fünf Pfund fehlten. Bäcker Böhne war bestürzt und jammerte, dass so etwas in seiner Bäckerei noch nie vorgekommen sei. Jetzt war eine gute Ausrede Geld wert. Kurzerhand beschuldigte Böhne seine Frau. Sie habe, so der Bäcker, beim Auswiegen des Brotteiges nicht genügend Sorgfalt walten lassen. Die faule Ausrede führte zu einer amtlichen Anzeige. Es bleibt für den heutigen Leser anzumerken, dass die hier angegebene Gewichtseinheit „Pfund“ nicht der heutigen Gewichtseinheit entspricht und etwas niedriger anzusetzen ist. Die Einheit „Lot“ machte gewöhnlich den 32. Teil aus.

Böhne wurde noch am selben Tage ins Rathaus vorgeladen. Um keine Kundschaft zu verlieren, wollte der Bäcker verhindern, dass die Angelegenheit publik wurde. Deshalb wollte er seinen Namen auf keinen Fall im Schaukasten am Rathauseingang lesen. Bürgermeister Kind, ein geschulter Verwaltungsmann, konnte auf eine lange Verwaltungspraxis zurückblicken. Die Reue des Bäckers ließ ihn kalt. Noch am selben Tag war im Aushang zu lesen, dass Böhne zu Beanstandungen Anlass gegeben habe.

Böhne hatte noch Glück im Unglück. Die beanstandeten Brote waren nicht zugunsten des Armenhauses konfisziert worden. Er durfte das Brot im eigenen Haushalt verbrauchen. Das Strafmaß wurde nach dem fehlenden Gewicht berechnet und betrug fünf Reichstaler, die bei der Kämmerei einzuzahlen waren.

Im Jahre 1821 wurde auf dem Grundstück Bäckerstraße 67 (heute Bäckerstraße 32) ein Fachwerkbau mit einem Krüppelwalmdach errichtet. Das aus Bruchsteinen errichtete Hinterhaus, der Scheunenteil, blieb unverändert erhalten. Es ist anzunehmen, dass Bäcker Böhne der Bauherr war. Der Standort seiner Bäckerei hatte also gewechselt.

Betrat man den Neubau von der Bäckerstraße aus, dann befand sich linkerhand der Laden mit einem zum Mittelflur offenen Tresen, der mit Klappladen verschlossen werden konnte. Gegenüber lag der Zugang zur Gaststube mit einer „Utlucht". Von hier aus hatte man einen freien Blick auf den Gänsemarkt und die Bäckerstraße.

Böhne hatte einen Nebenverdienst: Die Wohnräume im ersten Stock wurden nur teilweise genutzt, sodass er einen Wohnteil vermieten konnte. Von den Fenstern auf der Nordseite konnte man in den Garten des ehemaligen Korff'schen Hofgutes blicken. Die Aussicht war also unverbaut. Daher gab es zahlungskräftige Bewerber um diese Wohnung. Dazu gehörte der Lübbecker Bürgermeister Hermann Strubberg, der mit Mutter und Schwester einzog. Im Jahre 1861 wohnte hier der Kreissekretär Ohly mit Familie. Zu dieser Zeit lebten bzw. arbeiteten 16 Personen in dem Haus. Die beengten Verhältnisse der Großfamilien mit Verwandten und Gesinde sind heute kaum noch vorstellbar.

Im Jahre 1842 erhielten die Lübbecker Bäcker und Brauer Konkurrenz. Dazu heißt es in der Stadtchronik zum Jahre 1843: *Seit längerer Zeit besteht hier die Bierbrauerei von Herrn Ernst Barre, welcher ein guter Fortgang zu wünschen ist, damit der Genuß des Bieres, den des Brantweins vermindere.* Im Jahre 1846 beschäftigte Barre bereits sieben Arbeiter.

Wie lange Heinrich Böhne und sein 1855 geborener Sohn Robert noch als Bierbrauer tätig waren, ist nicht bekannt. Von dem Bäcker und Brauer Wilhelm Osthoff, Bergertorstraße, heißt es 1887, dass er die Bäckerei aufgegeben und die Brauerei fast ganz eingestellt habe. Er handele stattdessen mit Saatgetreide. In dieser Zeit wurden kleine Hausbrauereien häufig aufgegeben. Für den Bäcker und Wirt Böhne gab es noch eine Möglichkeit, Kunden zu halten. Allgemein bekannt war der Ausspann. Hier konnten auswärtige Besucher Pferde und Wagen abstellen – und ihren Durst stillen.

In der städtischen Hausliste von 1920 erscheinen der Wirt und Bäcker Robert Böhne, seine Tochter Auguste sowie die unverheirateten Schwestern Emilie und Marie Böhne. Böhnes Frau war im Jahre 1894 kurz nach der Geburt ihrer einzigen Tochter gestorben. Mieterin im Haus Böhne war nach Angabe der Hausliste die Handarbeitslehrerin Minona Kaupmann. Das Gewerbe der Böhnes kam allmählich zum Erliegen. Auguste Böhne heiratete den Kaufmann Johann Dietrichs. Das Ehepaar Dietrichs verkaufte 1935 das Böhne'sche Haus an der Bäckerstraße an den Kaufmann und Elektromeister Alfred Mothes. Dietrichs bauten ein neues, geräumiges Haus im Garten der Familie am Niederwall im Kleinen Feld, in einer über Jahrhunderte hinweg gepflegten, fruchtbaren Flur direkt vor den Toren der Stadt, wo damals noch einige Bürgergärten bewirtschaftet wurden. Das Haus am

Bäcker Böhne mit seinen beiden Schwestern und Tochter Auguste um 1905.

Niederwall wurde im Mai 1945 von der britischen Besatzungsmacht beschlagnahmt. Die Soldaten hatten ein robustes Verhältnis zum Haus und Mobiliar. Entsprechend sah es bei der Rückgabe aus. Das Haus wurde schließlich verkauft. Das Ehepaar Dietrichs entschloss sich zu einem vergleichsweise bescheidenen Neubau auf einem Grundstück an der oberen Jahnstraße nicht weit von ihrem aufgegebenen Domizil. Das Paar blieb kinderlos. Johann Dietrichs starb am 4. September 1975, seine Frau Auguste am 1. Mai 1980. Mit ihnen hatte eine Lübbecker Familiengeschichte ihr Ende gefunden. Das ehemalige Haus des Ehepaares Dietrichs am Niederwall wurde im Sommer 2011 abgerissen.

8

FAST EIN STADTBRAND

Fast wäre es 1734 wieder zu einem Stadtbrand gekommen, der die Ausmaße des Brandes von 1705 hätte annehmen können, als am 26. Februar 1734 im Hause des Bäckers und Brauers Fortmeyer an der Langen Straße 13 (nach damaliger Zählung) zu nächtlicher Stunde ein Feuer ausbrach, das auf das Nachbarhaus übergriff.

Es kam zu einer Katastrophe, als es im benachbarten Hause des Kaufmannes Mestwert zu einer Explosion kam. Eine Ladung Schießpulver flog in die Luft und zerschmetterte den Dachstuhl. Brennende Teile flogen, durch die Wucht der Explosion getrieben, bis zur Niedernstraße, in der die ersten Häuser in wenigen Augenblicken in Brand gerieten. Ein Westwind trieb Feuerfetzen bis zur Stadtmauer am Geistwall hinaus, was später mehrere Müller bezeugten.

Für den Grappendorf'schen Hof am Niederwall kam jede Hilfe zu spät. Der Hof wurde in Schutt und Asche gelegt. Insgesamt waren 41 Wohnhäuser, fünf Hinterhäuser sowie der Grappendorf'sche Hof samt Schäferhaus und Schafstall dem Feuer zum Opfer gefallen. Der Brand hätte Bürgermeister Ebeling fast das Amt gekostet, weil er nicht rechtzeitig, wie es sein Amt erforderte, zur Stelle gewesen war. Auch die Bürger, zur Brandbekämpfung per Bürgereid verpflichtet, hatten es nicht allzu eilig gehabt, am Brandort zu erscheinen. Kostbare Zeit ging verloren. Zu allem Unglück waren die in einem Nebenhaus des Rathauses deponierten Feuereimer nicht sofort greifbar gewesen, weil das Haus verschlossen und der Schlüssel nicht auffindbar war. Zu allem Überfluss wurde festgestellt, dass der Feuerlöschteich am Bergertor nicht genügend Wasser bereithielt und die 1724 angeschaffte Feuerspritze nicht in Ordnung war. So nahm das Unglück seinen Lauf. Unachtsamkeit, Nachlässigkeit und, nicht zu vergessen, die Bequemlichkeit des Bürgermeisters und die einiger Bürger hatten die Ausbreitung des Brandes heraufbeschworen.

Bei Brandgefahr war es Bürgerpflicht, die an den Seitenwänden der Häuser hängenden Bohlen zu einem Kanal zusammenzufügen, sodass das Wasser vom Feuerlöschteich im erweiterten Stadtgraben am Bergertor die abschüssigen Straßen hinab zum Brandort fließen konnte. Dazu gehörte auch die Bildung von Menschenketten, die die gefüllten ledernen Feuereimer zum Brandort weiterreichten und die leeren zurücknahmen – eine Praxis, die noch lange üblich war, weil die ersten Feuerspritzen nur bedingt einsatzfähig waren.

Um die Brandursache feststellen zu können, wurden mehrere Personen im Rathaus vernommen. Darunter befanden sich auch ein Glaser aus Thüringen und sein Knecht,

Fortmeyers Bäckerjunge und die Familie Schwartzmeyer aus dem benachbarten Oldendorf. Zu den Zeugen gehörte ein Dreikäsehoch, sechs Jahre alt. Im Protokoll wird lediglich sein Nachname „Hirsch" genannt. Familie Hirsch gehörte zur Lübbecker Bürgerschaft. Der Glaser und sein Knecht hatten im Hause Fortmeyer übernachtet.

Am 1. März wurde Friedrich Wilhelm Tiedemann, Fortmeyers Bäckerjunge, im Rathaus verhört. Man wollte von ihm wissen, was er am Abend, bevor der Brand ausbrach, gemacht habe und was er über eine mögliche Brandursache berichten könne. Am Donnerstagabend, als der Brand ausgebrochen sei, so der Zeuge, sei er im Hinterhaus gewesen, um das Vieh zum letzten Mal zu füttern. Mit dem Knecht sei er um neun Uhr im Stall gewesen. Der kleine Hirsch habe die Laterne gehalten, und zwar vor der Stalltür. Die Laterne, so der Bäckerjunge, habe ein Loch groß wie ein Hühnerei gehabt. Tiedemann sagte unter Eid aus, dass er kein Feuer bemerkt habe und nicht auf dem Boden gewesen sei. Geraucht habe er auch nicht. Auf die Frage, ob nach ihm des Glasers Knecht im Stall gewesen sei, antwortete der Zeuge, davon wisse er nichts. Er habe sich später in der Stube hinter den Ofen gesetzt, wo er eingeschlafen sei.

Danach wurde der Knecht des Glasers, Burchardt von der Sale, vorgeladen. Er hatte seines Meisters Pferd, das als Last- und Reittier diente, in Fortmeyers Stall untergestellt. Mit der Aussage Tiedemanns konfrontiert, erklärte Burchardt, dass er die letzte Fütterung seines Pferdes um *halb neun getan* habe. Dabei sei er allein mit dem kleinen Hirsch im Stall gewesen. Er bestätigte das Loch in der Laterne.

Am 4. März wurde Glasers Knecht nochmals ins Rathaus vorgeladen, wo er seine Aussage beeidete. Auch der Dreikäsehoch wurde befragt. Er wusste nur, dass er vor der Stalltür gestanden und die Laterne gehalten habe.

Am 7. März war der Glaser im Rathaus vorgeladen. Er trug den wunderlichen Namen „Uhlwurm". Weil er in Thüringen beheimatet war, rief man ihn gewöhnlich „den Thüringer". Er reiste mit seinem Knecht von Ort zu Ort, um seinem Handwerk nachzugehen. Um seine Fracht zu lagern, brauchte er einen sicheren Ort zum Übernachten und einen Unterschlag für die fragile Ware, denn seine Glasscheiben waren sein kostbarstes Gut.

Nachdem Glaser Uhlwurm *praevia avisatione perjurii* (vorausgehende Eidesbelehrung zur Abwendung eines Meineides) den Eid geleistet hatte, gab er ausführlich Auskunft über den besagten Donnerstag, den 26. Februar, und den darauffolgenden Tag. Er war am Donnerstagnachmittag um zwei Uhr nach Oldendorf aufgebrochen, wo er sich bei der Familie Schwartzmeyer einquartierte, um von hier aus neue Kunden besuchen zu können. Als sich in Oldendorf zu nächtlicher Stunde die Kunde vom Brand in Lübbecke verbreitet hatte, stieg Uhlwurm mit dem alten Schwartzmeyer in der Dunkelheit des frühen Tages auf den Kirchturm, um sich zu vergewissern. Es gab keinen Zweifel: Ein Feuerschein kündete von dem Unglück, das die Lübbecker heimsuchte.

Zusammen mit dem jungen Schwartzmeyer begab sich Uhlwurm sofort nach Lübbecke. Bedauerlicherweise hatte sich der Glaser vorher gegenüber der Familie Schwartzmeyer dahingehend geäußert, dass der Brand möglicherweise bei den Fortmeyers ausgebrochen sein könnte, weil man dort mit dem Feuer wenig achtsam umginge. Diese

Aussage brachte den Glaser später in Bedrängnis. Er wurde zusammen mit seinem Knecht in Lübbecke unter Arrest gestellt, um seine Mutmaßungen auf ihren Wahrheitsgehalt überprüfen zu können.

Am 29. März 1734 fand in der Wohnstube des Schwartzmeyer'schen Hofes in Oldendorf auf Antrag der brandgeschädigten Bürger Mestwert, Horckel und Knollmann, die in Nachbarschaft zu Fortmeyers Anwesen lagen, eine Anhörung statt, die von dem Lübbecker Rechtsanwalt Nicolaus Vincke geführt und protokolliert wurde. Christoph Henrich Schwartzmeyer, 83 Jahre alt, gab zu Protokoll, dass der Glaser Uhlwurm bei ihm um Nachtquartier nachgesucht habe. Als er seinen Gast gefragt habe, bei welchem Fortmeyer er gewohnt habe, sei ihm geantwortet worden: *Bei dem jungen Fortmeyer.* Auf die Frage, ob es eine gute Herberge sei, habe Uhlwurm in Anwesenheit des Gesindes geantwortet: *Die Leute gehen unvorsichtig mit dem Feuer bey der Darre um.*

Die „Darre" war eine Trocknungsanlage im Hinterhof, die dem Trocknen von Obst, Getreide, Flachs und Malz diente. Der Trocknungsprozess, das „Darren" (sprachverwandt mit „dörren") von Beigaben, die speziell für das Bierbrauen nötig waren, war das Berufsgeheimnis eines jeden Brauers. Ein Schwelbrand aus bestimmten Hölzern mit Beimischungen sorgte über die ausströmenden Dämpfe für das spezifische Aroma, das dem Getränk später den unverwechselbaren Geschmack geben sollte. Die Darre war zu jener Zeit eine Holzkonstruktion, die in mehreren Etagen aufgebaut war. Die städtische Feueraufsicht hatte ein besonderes Augenmerk auf die Darren, weil diese wegen des Schwelbrandes als besonders feueranfällig galten.

Am 5. April 1734 reichten Mestwert, Horckel und Knollmann eine Klageschrift bei der Stadtverwaltung ein. Darin bemerkten sie unter anderem:

Eß ist leyder mehr als bekandt, daß in Friderich Fortmeiers Hause durch Verwahrlosung des Feuers, der unglückliche Brandt, wodurch so viele Leute um das Ihrige gebracht und in die äußerste Armuht gesetzet, entstanden. [...] wie dann auch dieser Uhl Wurm so balde Er von dem unglücklichen Brande in Oldendorff gehöret, so fort gemuhtmaßet und gesaget daß das Feuer in seines Wirths des Fortmeiers Hause angegangen.

Bürgermeister Ebelings Verhalten in der Brandnacht brachte die Landstände gegen ihn auf. Die Ritterschaft ließ die Mindener Kriegs- und Domänenkammer in einem Schreiben vom 8. Mai 1734 wissen, dass *Bürgermeister Ebeling gegen seine Pflicht, erste nach Endigung der Tragoedie sich sehen laßen, mithin kein Mensch sich dabey einer Aufsicht angenommen, und daher alles in die entsetzliche Confusion gerathen dergestalt, daß fast keiner auf das löschen und retten, wohl aber der gemeine Pöbel auf das Stehlen bedacht gewesen.* Weiter hieß es in der Stellungsnahme der Landstände, dass *der regierende Bürgermeister und Chef der Stadt Lübbecke* seinen Amtspflichten nicht nachgekommen sei. Er habe die Wartung der Feuerspritze vernachlässigt und außerdem geduldet, dass Kaufleute Schießpulver lagerten.

Um seine Haut zu retten, wandte sich der Bürgermeister in einem Brief an den König, in dem er alle Schuld von sich wies. Ebeling sah sich als Opfer böswilliger

Am linken Bildrand das nach dem Brand von 1734 errichtete Fortmeyer'sche Haus auf einer Aufnahme aus den 1930er-Jahren. Am 17. März 1890 erhielt der Bäcker Franz Wessling die Erlaubnis, in dem Haus eine Gastwirtschaft betreiben zu dürfen. Der Name Wessling blieb bis in die frühen 1950er-Jahre mit dem Haus verbunden. Im November 1952 wurde Kurt Kalisch die Schankerlaubnis für den „Lübbecker Hof" erteilt. Eigentümer des Hauses war der Kaufmann Wilhelm Deerberg.

Im Jahre 1954 war ein Teil der Frontseite der ehemaligen Fortmeyer'schen Besitzung umgebaut. Am 2. November 1967 wurde das Kaufhaus Deerberg eröffnet. Zwei bekannte Lübbecker Häuser, Hotel Wiemer („Deutsches Haus") und der „Lübbecker Hof" (früher Wessling), hatten dem Neubau weichen müssen.

Verleumdungen. Tief getroffen hatte ihn das Vorgehen der Landstände des Fürstentums Minden. Auch sie hatten ihre Sichtweise in einem Brief an den König dargestellt. Sie warfen dem Bürgermeister Verletzung seiner Amtspflicht vor und forderten seine Amtsenthebung. Der auch für Lübbecke zuständige Steuerrat Consbruch wusste das zu verhindern.

Nach dem Brand von 1734 wurde noch im selben Jahr mit dem Neubau des Grappendorf'schen Hofes begonnen. Es entstand ein zweigeschossiges, massives Herrenhaus mit Mansarddach und Freitreppe. Das Haus Mestwert war im Gegensatz zu den Häusern Fortmeyer und Horckel nach der Hausliste von 1744 noch nicht wieder aufgebaut.

9

DER GRAPPENDORF'SCHE ADELSHOF

Um die Mitte des 15. Jahrhunderts erscheint Johann von Grappendorf als Besitzer des Lübbecker Burgmannshofes am Niederwall. Die Burgmannshöfe waren überwiegend Lehen der Mindener Bischöfe in ihrer Eigenschaft als Landesfürsten, die Lehnsinhaber gehörten zur mindischen Ministerialität. Ein Stützpunkt mindischer Landesherrschaft war die Landesburg Reineberg vor den Toren der Stadt.

Das Jahr 1627 wurde zu einem Schicksalsjahr für den Grappendorf'schen Hof und die Stadt Lübbecke. Die militärischen Auseinandersetzungen während des Dreißigjährigen Krieges trafen die Stadt mit voller Wucht. Hatte man noch auf den Schutz der kaiserlichen Truppen gehofft, sah man sich plötzlich ihres Schutzes beraubt. Zur Pfingstzeit war es einem dänischen Kommando gelungen, in die Stadt einzudringen. Es kam zu Plünderungen und einer hohen Geldforderung, die nach mehreren Verhandlungen auf 6.000 Reichstaler festgesetzt wurde. Um diese hohe Summe aufbringen zu können, steuerten die von Grappendorfs einen Teil der Summe bei – im Glauben, dass die Stadt ihr das Geld später zurückzahlen würde, so jedenfalls die Behauptung der Familie. Den Rest trug die Stadtkasse. Wer aber war letztendlich für den erlittenen Schaden verantwortlich? Diese Frage wurde zwischen der Stadt und der Familie von Grappendorf hin- und hergeschoben. Gerichte wurden bemüht, ohne dass Klarheit geschaffen wurde. Der Streit darüber, wer für die Schulden aufzukommen habe, zog sich über 120 Jahre hin, bis ein königliches Machtwort das Ende der Streitigkeiten einforderte. Letzten Endes waren beide die Leidtragenden, die Stadt und die Familie von Grappendorf. Die Stadt, ohnehin durch Kriegslasten und Steuern überfordert, war in den Ruin getrieben worden. Auch das Lübbecker Hofgut war überschuldet, hervorgerufen durch schlechtes Wirtschaften, Kriegslasten und familiäre Auseinandersetzungen.

Der letzte auf dem Hof lebende Besitzer, Hilmar von Grappendorf, starb im hohen Alter von 81 Jahren am 5. Mai 1782 auf seinem Hof. Er wurde am 13. Mai, nachdem er zuvor drei Tage lang standesgemäß „beläutet" worden war, abends in der Familiengruft in der St.-Andreas-Kirche bei gewöhnlichem Glockengeläut beigesetzt. Auf eine Leichenpredigt war, vermutlich auf Wunsch des Verstorbenen, verzichtet worden. Die finanziellen Verhältnisse der Familie waren zu dieser Zeit zerrüttet. Der Lübbecker Hof der Familie von Grappendorf und das ebenfalls der Familie gehörende Gut Grappenstein vor den Toren der Stadt gingen in Konkurs.

In der Bildmitte das Königliche Kreisgericht im ehemaligen Grappendorf'schen Hof um 1860. Zur linken Hand der Anbau von 1846, zur rechten das im Jahre 1856 errichtete Haus des Schuhmachers Weber.

Am 18. Januar 1787 ersteigerte Ernst Ludwig Viktor von Korff auf Obernfelde das Gut Grappenstein und am 7. Februar des folgenden Jahres das Lübbecker Hofgut. Sein Sohn Karl Eberhard konnte die Güter nicht halten, Konkurs und Versteigerung waren die Folge. Das Lübbecker Hofgut am Niederwall geriet in bürgerliche Hände. Damit war die Auflösung des Grundbesitzes außerhalb des Hofareals in Lübbecke besiegelt. Im Jahre 1828 gehörten die Hofgebäude einer Erbengemeinschaft, die es an den Fiskus verkaufte. Das Land- und Stadtgericht wurde eingewiesen, das vordem im Burgmannshof am Markt untergebracht war. Sicherheit war am Markt nur bedingt gewährleistet gewesen. In der Nacht vom 10. auf den 11. Juli 1826 waren Diebe eingestiegen, um die Gerichtskasse erfolgreich auszuräumen. Der hohe Betrag von 1.000 Reichstalern war über Nacht auf Nimmerwiedersehen verschwunden.

Im Jahre 1879 standen Veränderungen für das Gerichtswesen an. Dazu heißt es im Verwaltungsbericht der Stadt:

Das Königliche Kreisgericht hierselbst [Bezeichnung und Zuständigkeit des Gerichts hatten sich geändert] zuletzt noch aus fünf Mitgliedern bestehend, ist aufgelöst und an seiner Statt ein Amtsgericht mit drei Richtern, drei Gerichtsschreibern, einem Gehilfen und einem noch provisorisch belassenen Subalternen [untergeordneter Beamter] eingerichtet; die Execution ist in die Hände zweier Gerichtsvollzieher gelegt worden.

Die Bezeichnung „Amtsgericht“ ging schließlich in den alltäglichen Sprachgebrauch ein.

Im Jahre 1987 bezog das Amtsgericht ein neues Domizil an der Kaiserstraße im „Tax House“, eine Bezeichnung, die auf die britische Besatzungszeit zurückging und sich auf die ehemalige Nutzung als Finanzamt in der Zeit von 1939 bis 1945 bezog.

Als der Verein „Bürgerhaus für Lübbecke“ passende Räumlichkeiten suchte, bot sich zunächst das ehemalige Postamt an der Osnabrücker Straße an. Der Plan scheiterte jedoch genauso wie der, im Haus Niedernstraße 20, in der ehemaligen Zigarrenfabrik Mencke und Holle, eine Bleibe zu finden. Erst der Erwerb des ehemaligen Amtsgerichts durch die Stadt Lübbecke ließ den Wunsch des Vereins in Erfüllung gehen – und nicht nur seinen. Andere Vereine und Institutionen, wie die Volkshochschule, der Kulturring und die Musikschule, fanden im Alten Amtsgericht passende Räumlichkeiten für ihre Aktivitäten. Der ehemalige Grappendorf'sche Hof wurde am 10. Oktober 1984 unter Denkmalschutz gestellt.

10

DAS HAUS LANGE STRASSE 23

Zu den Brandgeschädigten des Stadtbrandes von 1766 gehörte die Familie des Tischlers Christian Meyer an der Langen Straße. Sie bewohnte das Haus, das heute die Nummer 23 trägt. Christian Meyer und seine Frau Lucie Charlotte, geborene Eick, ließen es 1767 neu errichten. Das giebelständige Haus mit einer zweigeschossigen „Utlucht" blieb in seiner Bausubstanz im Wesentlichen bis heute erhalten und wurde am 8. November 1985 unter Denkmalschutz gestellt.

Im Laufe der Zeit wechselten die Hausbesitzer. In den Einwohner- und Hausbesitzerlisten der Stadtverwaltung wird der Kaufmann Enoch Rosenberg für die Jahre von 1843 bis 1846 aufgeführt. Im Jahre 1861 wohnte hier der Rechtsanwalt Werth. Der Stadtsekretär hielt es für erwähnenswert, dass fünf Töchter des Rechtsanwaltes in den USA wohnten. Ein Sohn hielt sich in Ostindien und ein anderer in Gumbinnen in Ostpreußen auf.

Bei der Einführung der heute üblichen Hausnummerierung in den Jahren 1907/08 erscheint der Klempner Adolf Gast als Hauseigentümer. Im Kreisadressbuch von 1926/27 ist der Installateur Adolf Gast jr. samt Telefonanschluss verzeichnet. Nach dem Zweiten Weltkrieg änderte sich das Handwerk, da die Goldschmiedemeister Wendelin Rauner und danach Kurt Volmer in das Haus einzogen. Ein Blumengeschäft unterbrach die Folge. Am 6. Oktober 1990 eröffneten Dagmar und Holger von Zeddelmann ein Schmuckgeschäft im Haus Lange Straße 23. Es war ein bereits etabliertes Geschäft, das vorher im Haus Gänsemarkt 1 betrieben worden war.

In den Arbeits- und Geschäftsräumen ist heute ein Denkmal der besonderen Art zu sehen: die Grabplatte des Amtmannes Mencke vom nahe gelegenen Stift Quernheim, dem ehemaligen Kloster und späteren Damenstift, das 1810 aufgehoben wurde. Die Platte dürfte vom Lübbecker Friedhof an der St.-Andreas-Kirche stammen, wo die Familie Mencke einen erblichen Begräbnisplatz hatte. Nachdem der Friedhof an seinen heutigen Platz ausgelagert und am 7. Juli 1839 eingeweiht worden war, wurden viele Grabplatten verkauft, um als Treppenstufe, Bodenbelag oder Brücke über einen Graben zu enden.

Dekorativer Mittelpunkt der Grabplatte ist eine stilisierte Hausmarke mit den Buchstaben B und M für Benedikt Mencke. Darüber befindet sich ein Christusmonogramm. Die Umschrift verweist auf das Geburtsjahr 1603. Mencke starb am 27. September 1636. Die zusätzlichen späteren Eintragungen *D. Tideman. A. Catrina Müllers. 1724* weisen darauf hin, dass die Grabstelle an eine andere Familie übergegangen war.

Familie Adolf Gast vor ihrem Wohn- und Geschäftshaus an der Langen Straße im Jahre 1918. Auf dem Schild zwischen Eingang und Schaufenster ist zu lesen: „Verkaufsstelle für elektrotechnische Bedarfsartikel Niedersächsische Kraftwerke A.G.“

Das Haus Lange Straße 23 kann eine persönliche Kuriosität aufweisen. Seit April 1954 wohnte hier der aus Serbien stammende Milorad Raitchewitch. Wie er in seinen Erinnerungen schreibt, verdankt er seinen Aufenthalt in Lübbecke, wo er als „heimatloser Ausländer“ registriert wurde, dem britischen Generalmajor Bishop vom Hauptquartier der Kontrollkommission in Lübbecke. Die Kommission hatte ihn als Dolmetscher angestellt.

Das Haus Lange Straße 23 mit der Goldschmiede „Atelier für Schmuck" im März 2011.

Raitchewitch war ein leidenschaftlicher Autogrammjäger. Nicht nur die hohen Militärs der „Control Commission for Germany" und andere Persönlichkeiten aus der Politik sind in seiner Sammlung vertreten, sondern auch weltbekannte Namen wie der des indischen Philosophen und Nobelpreisträgers Rabindranath Tagore. Auch Dr. Adrien Wettach, der als Clown Grock Weltkarriere machte, hinterließ in Raitchewitchs Sammlung seinen Namen.

Raitchewitch war ein vielgereister und sprachgewandter Mann. Nach einem abenteuerlichen Leben war er in Lübbecke heimisch geworden. Hier heiratete er die Witwe Marie Magdalena Gast, Eigentümerin des Hauses Lange Straße 23. In ihrem Haus verbrachte er seinen Lebensabend. Milorad Raitchewitch starb am 28. Februar 1964 in Lübbecke im Alter von 73 Jahren. Ältere Lübbecker werden sich noch gerne an seine behäbig-dekorative Erscheinung im Stadtbild erinnern.

11

CAFÉ RUBINO

Das Haus Lange Straße 32 ist manchem älteren Lübbecker noch als Café Rubino in guter Erinnerung. Im ältesten Hausbesitzerverzeichnis der Stadt aus dem Jahre 1608 ist es als bürgerliches Wohnhaus mit der üblichen Viehhaltung verzeichnet. Im Jahre 1781 war Senator Pohlmann Eigentümer des Hauses. Die Familie Pohlmann gehörte zu den ratsfähigen Lübbecker Familien und stellte wiederholt Verwaltungsbeamte. Auf die Familie Pohlmann folgte die Familie Kind. Sie stellte einen bekannten Verwaltungsbeamten, den Lübbecker Bürgermeister Carl Ludewig Sigismund Kind. Kind war gebürtiger Mindener und hatte vor der „französischen Zeit" seine Verwaltungslaufbahn bei der Regierung Minden begonnen, bis er in die Stadtverwaltung nach Lübbecke überwechselte. Im Jahre 1827 trat Kind im Alter von 60 Jahren vorzeitig in den Ruhestand. Ein Augenleiden hatte ihn zu diesem Schritt gezwungen. Das Haus an der Langen Straße genügte den Ansprüchen seiner Familie. Es lag zentral und die Fensterfront des Wohnteils war nach Süden zur Sonnenseite ausgerichtet.

Im Jahre 1864 war das Haus noch im Besitz der Familie Kind. In einem Schreiben vom 2. November 1892 teilte der Konditor Wilhelm Rahning dem Lübbecker Magistrat mit, dass er das Haus angekauft habe, um es zu einer Bäckerei umzubauen. Dazu gehörte eine Gastwirtschaft mit einer *Utlucht* zur Langen Straße. Von diesem Erker aus ließ sich die westliche Lange Straße gut beobachten. Handwerksgesellen schoben ihre Karren vorbei. Pferdefuhrwerke rollten vorbei. Gelegentlich knatterte ein Auto über das holprige Pflaster. Dazwischen die geschäftigen Hausfrauen, die für ein Schwätzchen immer Zeit hatten, denn die Lange Straße war eine brodelnde Gerüchteküche. Geheimnisse, auch amtliche, ließen sich nicht lange unter Verschluss halten. Aber wie staunte man an einem schönen Augusttag des Jahres 1913, als ein Eselsgespann vom Gut Hüffe über die Lange Straße zog – im Geschirr zwei alte Esel und zur Seite je ein junges Tier. Das rief Erinnerungen wach. Wie noch immer erzählt wurde, pflegte der Gutshaushalt von Benkhausen früher seine städtischen Einkäufe mit einem zweispännigen Eselsgespann zu erledigen.

Auf männliche Kundschaft wollte Rahning nun auch nicht ganz verzichten. Er ließ unter den Restaurationsräumen einen Bierkeller einrichten. Wie hätte man auch sonst in dieser von Männern dominierten Welt dagestanden?

Am 9. April 1914 erhielt die Stadtverwaltung das Konzessionsgesuch des Konditors Emmerich Rubino. Dieser hatte seine Lehrzeit als Bäcker und Konditor in

Langenhagen bei Hannover absolviert und anschließend in Bielefeld und Halle als Geselle gearbeitet. Rubino setzte die Stadtverwaltung darüber in Kenntnis, dass er die Besitzung Rahning gekauft habe, um den Betrieb in bewährter Form weiterzuführen. Bürgermeister Pütz wollte die Konzession anfangs nicht erteilen. Irgendjemand hatte ihm zugetragen, dass der Antragsteller einmal bei verbotenen Glücksspielen erwischt worden sei. Wo wäre man auch hingekommen, wenn in Lübbecke eine Zockerbude aufgemacht würde? So etwas konnte die öffentliche Moral im protestantisch geprägten Lübbecke untergraben.

Rubino beantragte eine Konzession für den Verkauf von feineren Getränken wie Wein, Kaffee und Likören mit der Begründung, dass ein solcher Ausschank in Lübbecke fehle. Bürgermeister Pütz meinte, eine bessere Frühstücksstube könne man schon gebrauchen, und gab dem Antrag statt. Von den üblichen Wirtshäusern habe man, so der Bürgermeister, ohnehin schon genug. Außerdem gab Pütz zu bedenken, dass ein Restaurant für Damen unbedingt erforderlich sei. Nach dem Einkauf bräuchten sie einen passenden Rahmen, um Konversation pflegen zu können. Gemeint war der übliche Klatsch und Tratsch bei Kaffee, Kuchen und Likör.

Nach erteilter Konzession konnte der Betrieb aufgenommen werden. Frau Bürgermeister Pütz konnte jetzt ihr Kaffeekränzchen in einem Café abhalten. Es war damals üblich, die Damen der Gesellschaft mit dem Titel ihres Mannes anzureden. Die Damen des gehobenen Bürgertums waren nicht mehr gewillt, öffentlich in der Begleitung ihres Mannes zu erscheinen. Sie wollten ein Lokal besuchen, das ihrem Geschmack entsprach. Die Männer hatten ja mehr als reichlich Gelegenheit, bei Bier, Schnaps und Tabakqualm ihre Tiraden in den Wirtshäusern zum Besten zu geben.

Der Erste Weltkrieg warf schließlich alle bürgermeisterlichen Bedenken über den Haufen. Emmerich Rubino wurde zum Landsturm eingezogen. Seine Frau Emma erhielt die nötige Konzession, um das Geschäft weiterführen zu können. Die Konditorei musste bald wegen der Zwangsbewirtschaftung aufgegeben werden. Im September 1915 war bei den Rubinos der ersehnte Nachwuchs angekommen, sodass die junge Mutter den Betrieb nicht weiterführen konnte. Der Geselle musste entlassen werden. Es kam jedoch anders: Rubino wurde im Mai 1916 aus dem Militärdienst entlassen. Am 13. Mai wurde der Betrieb wiedereröffnet. Die Rationierung während des Krieges hatte jedoch tiefe Spuren hinterlassen, auf Geschäfte wie in Friedenszeiten konnte man nur hoffen.

Nach Kriegsende begann für Emmerich Rubino ein mühseliges Geschäft. Die Wirtschaft konnte sich nur mühsam von den ihr zugefügten Schäden erholen. Die wirtschaftliche Not bekam jeder Haushalt zu spüren. Am 14. Januar 1920 erschien eine Annonce im „Lübbecker Kreisblatt“, die von Justizrat Bahre, Lange Straße 8, aufgegeben worden war. Aus dem Hinterhof seines Hauses war ein grau gesprenkeltes Huhn entlaufen, ein wertvoller Schatz in der damaligen Zeit, die ständig vom Hunger bedroht war. Der Justizrat versprach eine gute Belohnung dafür. Es ist jedoch mehr als zweifelhaft, ob demjenigen, dem das Huhn über den Weg gelaufen war, eine Rückgabe überhaupt in den Sinn kam.

Das Café Rubino um 1930.

An die frühere Caféhaus-Tradition anzuschließen, war wegen der wirtschaftlichen Verhältnisse ein schwieriger Weg, der einen langen Atem erforderte. Das Inventar musste der Zeit angepasst werden. Zierliche Marmortische und Zwei-Personen-Sofas wurden angeschafft. Klingelzeichen der neu erworbenen Ladenkasse ließen trotz schlechter Wirtschaftslage auf bessere Geschäfte hoffen. Die Hoffnung trog nicht, was das Café betraf.

Die Mode hatte sich geändert. Zigaretten rauchende Damen, dauergewellt oder mit Bubikopf und einer Rocklänge gerade unter dem Knie wurden im Café gesichtet. Der junge Tonfilm verbreitete die neuesten Schlager. Das Grammophon brachte Melodien ins Haus, deren frivole Texte nicht immer Zustimmung fanden. *Warum soll eine Frau kein Verhältnis haben?* war für kirchliche Kreise eine dreiste Zumutung und rief ihre Kritik hervor, applaudiert von den Deutsch-Nationalen.

In den 1930er-Jahren sollte sich das Straßenbild ändern. Einige Fachwerkhäuser an der Langen Straße waren abgebrochen worden, um Neubauten mit breiter Fensterfront für die Auslagen der Geschäfte Platz zu machen. Der motorisierte Verkehr nahm zu und mit ihm Unfälle, die man in dieser Form bisher nicht gekannt hatte. Erst verschwanden die Reiter, dann die Kutschen und Pferdewagen und mit ihnen auch die lauten Zurufe und das Peitschenknallen der Kutscher.

Der 1. Mai 1933 setzte das unübersehbare Zeichen der NS-Diktatur. Der Tag der Arbeit war zum „Feiertag des deutschen Volkes“ erklärt worden. Marschkolonnen zogen über die Lange Straße, umsäumt von Zuschauern, die von den Bürgersteigen aus das Schauspiel an sich vorbeiziehen ließen. Vereine und Verbände, Handwerk und Industrie hatten Abordnungen gestellt. Nicht zu übersehen waren die uniformierten NS-Organisationen.

Der Nationalsozialismus hatte dem öffentlichen Leben seinen Stempel aufgedrückt. Mochte das Bürgertum sich der Illusion hingeben, seine Welt sei von der politischen Welt unberührt geblieben, die Politik der Nationalsozialisten hatte Tatsachen geschaffen. Am 10. November 1938, nach dem Anschlag auf die Synagoge, die jüdischen Geschäfte und Privathäuser, glich das Haus der Familie Weinberg, nur wenige Schritte vom Café entfernt, frühmorgens einer Trümmerwüste. Der nationalsozialistische Mob hatte Chaos, Verwüstung und eine verzweifelte Familie Weinberg zurückgelassen. Viele alteingesessene Lübbecker Familien waren bestürzt, hielten sich aber mit öffentlichen Äußerungen zurück. Es gab verdeckte Hilfen – aber auch nicht mehr. Jeder war sich selbst der Nächste. Der Diktator und seine Helfershelfer, die auch in den Amtsstuben saßen, hatten ihr Ziel erreicht. Wer sich kritisch äußerste, riskierte ein pseudogerichtliches Verfahren, das Angehörige und die Familie in lebensbedrohliche Gefahr bringen konnte.

Im Café setzte sich das gewohnte Leben äußerlich fort. Es gab einen Besitzerwechsel. Im Oktober des Jahres 1938 hatte das Ehepaar Rubino das Lokal an den Konditor Erich Thon aus Brackwede verpachtet. Der Geschäftsname „Rubino“ wurde weitergeführt. Zum übernommenen Inventar gehörten elf Sofas, zwölf Mamortische, zwei Holztische, 35 Stühle, vier Garderobenständer, ein Klavier, eine Kruppkasse mit Tisch, zwei Aschenkugeln, zwei Gaslampen, zwei Stores mit Übergardinen, eine Uhr, ein Kartenständer, ein Lautsprecher, ein Schrank mit Grammophonanschluss und Schallplatten, mehrere Läufer – und, wo früher einmal das Kaiserbild an der Wand prangte, war jetzt das obligate Hitlerbild zu sehen. Die Rubinos hatten das Haus verlassen und waren nach Obereichen bei Böblingen gezogen.

Nach Kriegsbeginn im September 1939 wurde die Auslage an Kuchen und Gebäck bescheidener. Eine totale Bewirtschaftung, die alle Lebensbereiche erfasste, traf mehr oder weniger jeden. Private Autos und Motorräder verschwanden aus dem Straßenbild. Das Feldgrau der Militäruniformen erinnerte hin und wieder auch im Café daran, dass Kriegszustand herrschte.

Erich Thon gab im September vermutlich aus persönlichen Gründen das Lübbecker Geschäft auf und zog wieder nach Brackwede. Ein neuer Pächter ließ nicht lange auf sich warten, im selben Monat übernahm Wilhelm Finkensiep das Geschäft.

Die Zuteilungen an Lebensmitteln wurden immer spärlicher. Fremde Gesichter tauchten im Stadtbild auf, da aus den zerbombten Städten Evakuierte eingewiesen wurden, die mit ihren Habseligkeiten in Lübbecke gestrandet waren. Der Morgen des 24. März 1945 hätte fast das Ende des Cafés bedeutet. Eine Bombe traf zwei Häuser in der Nachbarschaft, von denen das eine zur Hälfte und das andere ganz zerstört wurde. Alle Bewohner der Häuser wurden getötet. Die Lange Straße war von einer Minute zur anderen mit Staub und Lehm bedeckt, die Wasserleitungen waren zerstört und damit auch der Rest der Geschäftstätigkeit im Café Rubino. Die alten Hausbrunnen wurden wieder in Betrieb gesetzt. Der bereits 50-jährige Wilhelm Finkensiep war noch zum Militärdienst eingezogen, kehrte aber kurz vor Kriegsende zurück. Was er zu sehen bekam, war noch wenige Jahre vorher unvorstellbar gewesen.

Die Lange Straße bot ein dramatisches Bild: Militärfahrzeuge, voll besetzt mit Zivilisten und Militärangehörigen aller Ränge, schoben sich über die Straße, Fluchtfahrzeuge waren auf dem Weg ins Ungewisse, Soldaten mit dem Gewehr im Anschlag kontrollierten die Kolonnen am Gänsemarkt. Vermutet wurden flüchtige Militärs oder sonstige Personen, die sich aus dem Staube machen wollten. Plötzlich fiel ein Schuss. Ein Wagen war zum Halten gezwungen worden. Was mit den Insassen weiterhin geschah? Wen kümmerte das schon. Jeder hatte mit sich selbst genug zu tun. Nicht weit von der Langen Straße entfernt auf der Bohlenstraße schlurften russische Kriegsgefangene ostwärts, bewacht von deutschen Soldaten, die wie die Bewachten in schwerfälligen Stiefeln unterwegs waren. Nur wenige Tage später und das Straßenbild hatte sich in das Gegenteil verkehrt. Jetzt waren es deutsche Kriegsgefangene, die sich müde über das Straßenpflaster schleppten, bewacht von Soldaten der Alliierten, die aus ihrem Jeep heraus das Elend eines verlorenen Krieges vorbeiziehen sahen.

Nach dem Einmarsch der Alliierten Anfang April 1945 wurden in Lübbecke öffentliche Gebäude und Häuser von der britischen Militärregierung reihenweise beschlagnahmt. Ein ganzes Stadtgebiet wurde mit Stacheldraht umzäunt und zum militärischen Hoheitsgebiet erklärt. Die Kontrollkommission für die britische Zone hatte ihren Hauptsitz in Lübbecke genommen. Auch das Café Rubino erhielt am 15. Mai 1945 einen Räumungsbefehl. Der Geschäftsbetrieb kam zum Erliegen. Bald erfolgte eine Teilfreigabe, um die Bevölkerung mit Brot versorgen zu können. Am 20. Juli 1947 wurde das Café vollständig freigegeben. Der Geschäftsbetrieb kam allmählich wieder zum Laufen. Nach der Währungsreform sorgte das Wirtschaftswunder auch für ein Wunder im Café Rubino: Muckefuck hatte ausgedient und es gab wieder Bohnenkaffee, Gebäck, Likör und Tabakwaren. Es wurde renoviert und neues Mobiliar angeschafft.

Am 18. September 1952 teilte das städtische Ordnungsamt der Kreisverwaltung Lübbecke mit, dass der Konditormeister Wilhelm Finkensiep den Betrieb aufgegeben und seine Schankerlaubnis zurückgegeben habe. In der Tageszeitung „Freie Presse“ erschien am 4. Oktober 1952 unter der Überschrift „Café Rubino mit neuem Gesicht“ ein Artikel, in dem es hieß:

Das bekannte Café Rubino in der Langen Straße stellt sich heute seinen Freunden und der Bevölkerung des Kreises Lübbecke nach gänzlicher Renovierung vor. Die offizielle Eröffnung ist um 19.30 Uhr. Das Unternehmen, ein vollkonzessionierter Konditorei- und Kaffeehausbetrieb, wird durch seinen neuen Inhaber, Hans-Otto Janke, bisher als Konditormeister im Café (Wiener Café) in Bünde tätig, geleitet. Der Hauptraum ist innenarchitektonisch so vorteilhaft verändert worden, dass man das ehemalige Kaffeehaus kaum wiedererkennt. Das Gestühl, grün gepolstert und naturholzverarbeitet, fügt sich angenehm in die jetzt fröhlich lichte Gesamtatmosphäre ein. An der rechten Wandseite haben in sich verbundene, schön geschwungene Rundbänke Aufstellung gefunden.

Café Janke im Jahre 1987.

Der Inhaber, Hans-Otto Janke, der den Betrieb als Pächter vom Ehepaar Rubino übernommen hatte, wurde bald Besitzer des Hauses an der Langen Straße. Immer wieder musste der Betrieb dem Zeitgeist und den Wünschen der Kunden angepasst werden. Als das Ehepaar Janke im August 1974 den Betrieb an das Ehepaar Börner verpachtete, konnte das Mobiliar komplett übernommen werden. Die im Pachtvertrag Janke/ Börner aufgeführten Gegenstände zeigen den technischen Wandel der Zeit. Handarbeit war durch technische Einrichtungen erleichtert worden. So gab es eine Baumkuchenmaschine, eine Waschmaschine der Marke Constructa, eine Kaffeemaschine und einen Sahnespender.

Am Abend des 21. Februars 1979 wäre es fast zu einer Katastrophe gekommen: Im benachbarten Geschäftshaus Kolck war ein Brand ausgebrochen. Lodernde Flammen erhellten die Nacht. Wer das Schauspiel aus der Ferne betrachtete, glaubte Zeuge eines Stadtbrandes zu sein. Die Feuerwehr leistete ganze Arbeit, sodass die Nachbarhäuser von einem Übergriff der Flammen verschont blieben.

Die Börners gaben den Betrieb im Juli 1984 auf. Am 6. September 1984 wurde das Café wiedereröffnet – von Gabriele und Dieter Janke. Zur Zufriedenheit der Kundschaft war es wieder an die Familie Janke zurückgefallen.

12
HOTEL SCHLÜTER

Ein beliebter Treffpunkt der Lübbecker war einmal das vor dem Westertor gelegene „Hotel Drei Kronen". Das Hotel war 1874 von dem Gastwirt Hermann Wellmann eröffnet worden. Es wechselte mehrfach den Besitzer, wodurch sich auch der Name des Hotels änderte. Am bekanntesten wurden die Bezeichnungen „Hotel Schlüter" und „Hotel Holland-Moritz". Im ausgehenden 19. Jahrhundert wurden 24 Fremdenzimmer sowie Räumlichkeiten für Vereinstreffen angeboten. Billardtische gehörten selbstverständlich ebenso zum Angebot wie eine kundenfreundliche und preisgünstige Bedienung und Bewirtung.

Der Hotelbau gliederte sich in zwei Teile, die voneinander abgesetzt waren. Es gab den südlichen Hotelbereich und den nördlichen Teil mit Saal, Küche und Restaurant. Nach Norden hatte das Hotel einen ummauerten Hof. Zum Hotel gehörte zudem eine Scheune auf der gegenüberliegenden Seite der Wallstraße mit Stallungen für 25 Pferde. Für reisende Gäste war man so bestens gerüstet.

Im ersten Geschoss des südlichen Teils über den Kellerräumen mit dem geschätzten Weinkeller lagen die Gästezimmer. Badezimmer und Toiletten waren separat, die Benutzung des Bades musste angemeldet werden. Im zweiten Geschoss befanden sich weitere Gästezimmer und die Privaträume des Hoteliers.

Ein Stammlokal für Vereine zu werden, darauf war jeder Gastwirt bedacht. Dauergast bei Wellmann war der Lübbecker Schießverein. Unter der Regentschaft von Kaiser Wilhelm II. gab es ein Jahresfest, das der Kriegerverein ausrichten ließ, Kaisers Geburtstag am 27. Januar. Dieses Fest wurde stets auf das Wochenende gelegt.

Das Hotel war auch ein beliebter Treffpunkt des Lübbecker Männerturnvereins. Da eine Turnhalle in Lübbecke fehlte, nahmen die Turnvereine mit den Sälen der Wirtshäuser vorlieb. Die Gastwirte sahen es gerne, wenn die Turner ihren Gasthof als Vereinslokal annahmen, denn nach den Turnstunden waren sie gern gesehene Gäste, die hungrig und durstig Theke und Küche beschäftigten.

Wellmann war ein vielseitiger Unternehmer. Neben seinem Beruf als Gastwirt und Hotelier handelte er mit landwirtschaftlichen Produkten. Gemeint sein dürfte der Verkauf von Saatgetreide und Düngemitteln. Mancher Kunde, ob Bürger oder Bauer, wird der Wellmann'schen Wirtshaustheke einen Besuch abgestattet haben. Im Übrigen musste für die Unterhaltung des Publikums gesorgt werden. Am 7. Februar 1888 trat der Zauberkünstler Cagliostro im Wellmann'schen Saal auf.

Um die Gesundheit seiner Mitbürger besorgt, hatte Wellmann dem Bielefelder „Zahnkünstler“ Nagel Sprechstunden in seinem Haus eingeräumt. Nagel plombierte Zähne nach der neuesten amerikanischen Methode und fehlende Zähne wurden bis zu kompletten Gebissen in *Gold, Kautschuk und Celluloid* ersetzt. Es scheint, als hätten die seit Jahrhunderten in der Stadt gastierenden Dentisten ihre letzten Auftritte im Wellmann'schen Hause gehabt.

Auch das Kindertheater war in Wellmanns Saal vertreten. In der Zeit vom 28. bis 30. April 1889 gab es hier drei Vorstellungen von „Rotkäppchen und der Wolf“. Für größere Aufführungen war die Bühne nicht geeignet, hierfür bot sich das Schützenhaus an.

Auch religiöse Agitation fand ihren Platz im Programm des Hotels. Am 26. Mai 1896 rief der Evangelische Männerverein zum Vortrag in den Wellmann'schen Saal. Thema war „Die Ausbreitung des Evangeliums in Italien, Frankreich und Spanien“. Es wurde zur Missionierung der europäisch-katholischen Welt aufgerufen, um ihr das Evangelium lutherischer Prägung näherzubringen. Ähnlich hielt es ein Vortrag am 3. Januar 1897. Ein Pfarrer aus Paderborn hatte einen „Evangelischen Kardinal“ zum Thema seines Vortrages gemacht.

Im Februar 1906 erscheint ein Paul Fiebig als Hotelbesitzer. Geschäftlicher Erfolg wollte sich nicht einstellen, sodass das Hotel am 14. Oktober 1908 zwangsversteigert wurde. Es folgten kurzfristig Zwischenbesitzer, unter anderem Gastwirt Felix Homann, der das Hotel im Jahre 1909 umbauen ließ.

Am 18. April 1909 war im „Hotel Drei Kronen“ eine brisante Versammlung angesagt. Es ging laut Anzeige im „Lübbecker Kreisblatt“ um die Erhöhung der Tabaksteuer. Als Redner waren der Reichstagsabgeordnete Sielermann, der aus dem benachbarten Holsen stammte, und Syndikus Hindenberg, Handelskammer Minden, angesagt. Es wurde zu Recht befürchtet, dass die Steuererhöhung zu einer weiteren Belastung der heimischen Tabakindustrie führen würde. Die Fabriken von August Blase, Mencke & Holle, beide Lübbecke, sowie Bracksiek & Brüggemann und Schäfer und Hartjen, beide Bremen, die in Lübbecke Filialen betrieben, hatten zu der Protestversammlung gegen die geplante Tabaksteuer aufgerufen. Tatsächlich ging es um eine Doppelbesteuerung, betroffen waren Tabaksteuer und Zoll. Es kam kurzfristig zu Entlassungen. Die Besteuerung von Tabakwaren blieb ein Dauerthema. Die Region war von der Tabakverarbeitung abhängig geworden, an ihr hingen Existenzen. Ein gesellschaftlicher Umbruch war im Gange. Heuerlinge auf den Dörfern gaben ihre bäuerliche Abhängigkeit auf, um als Zigarrenarbeiter, Verpacker oder Kistenbekleber zu arbeiten. Eine Neubesiedlung machte sich in der Region bemerkbar. Die ersten Privathäuser der Zigarrenarbeiter mit Gartenland und Kleintierhaltung wurden gebaut.

Mochte es in der Tabakindustrie düster aussehen, im Hotel „Drei Kronen“ war die Wirtschaftslage hoffnungslos. Am 15. Februar 1910 wurde das Haus geschlossen.

Es sollte nur wenige Monate dauern, bis ein neuer Besitzer gefunden war. Er hieß Robert Breves. Unter seiner Regie wurde das Haus im Sommer gründlich umgekrempelt. Der alte Name wurde gestrichen, unter der Bezeichnung „Hotel Wittekind“ wollte Breves das Publikum zurückgewinnen. Der neue Hotelier kündigte an, nur noch Lübbecker Bier verkaufen zu wollen. Außerdem gab es einen ständigen Mittagstisch. Auch auf modernes Theater wurde Wert gelegt. Klamaukstücke sollten möglichst nicht das Programm beherrschen, da gutbürgerliches Publikum angesprochen werden sollte. Im „Wittekindsaal“, wie er jetzt hieß, gastierte Ende Juni 1910 das Moderne Theater Berlin mit Max Halbes „Jugend“ und Henrik Ibsens „Nora oder Ein Puppenheim“. Es stand folglich auch anspruchsvolles Theater auf dem Programm.

Es gab eine weitere Überraschung: Ein Restaurantteil wurde zu einem „Eispalast“ umgestaltet, was immer man sich darunter vorstellen mochte. Auf jeden Fall war der Raum im Stile der Zeit mit viel Plüsch und Pomp ausgestattet. Die Wandmalereien zeigten „Bierkönig“ Gambrinus mit einem Krug in der Hand und Kaiser Barbarossa, tief in Gedanken versunken. Dazu gab es von der Decke hängende, künstliche Eiszapfen. Deutsche Gemütlichkeit durfte im reichhaltigen Programm des Hotels nicht fehlen. An sommerlichen Abenden konnte man außerdem im Gartenrestaurant des Hotels speisen oder feucht-fröhlich in die Nacht hinein feiern, falls die Polizei keinen Strich durch die Rechnung machte.

Die Konkurrenz, nur wenige Gehminuten entfernt, war das „Deutsche Haus“. Hier waren die Familienfeiern der gehobenen Bürgerklasse zu Gast, darüber hinaus war es das Stammlokal des „Clubs von 1841“. Im „Deutschen Haus“ war alles etwas vornehmer – das hieß für Breves, dass neue Attraktionen hermussten, um das Publikum abzuwerben.

Um Gäste anzulocken, setzte Breves eine neue Unterhaltungstechnik ein, das Grammophon. Am 26. März 1911 bot er seinem geschätzten Publikum ein Opernkonzert an. Erstmalig waren in Lübbecke die Stimmen der damaligen Stars am Opernhimmel zu hören. Zu den Solisten gehörten der Tenor Enrico Caruso und die damals umjubelte Sopranistin Frieda Hempel. Die Deutsche Grammophongesellschaft hatte ihre Stimmen auf Schellack verewigt.

Breves erschloss sich 1912 mit der Eröffnung eines „Kinematographen-Theaters“ im hoteleigenen Saal eine weitere Einnahmequelle. Das Programm wurde von einem Wanderkino bestritten, dem Edison-Theater in Minden, das für erstklassige Vorführungen *lebender, singender und musizierender Bilder* sorgen wollte. Die ersten kommerziellen Stummfilme, untermalt von passender Klavierbegleitung oder den Klängen eines Grammophons, wurden für das Lübbecker Publikum im „Hotel Wittekind“ als Wochenendprogramm heruntergekurbelt. Es gab herzergreifende Dramen wie das zu Tränen rührende Schicksal der Königin Luise, das am 22. März 1913 als großes vaterländisches Schauspiel in zwei Akten angekündigt wurde. Für Aufmunterung sorgten anschließend die „Abenteuer auf der Eisenbahn“. Selbstverständlich waren nur hervorragende Kunstwerke auf der Leinwand zu sehen.

Die Kriegsjahre 1914/15 waren schlecht für das Filmgeschäft. Restaurant und Hotel warfen keinen nennenswerten Gewinn ab, Breves geriet in finanzielle Schwierigkeiten. Außerdem hatte er Konkurrenz durch den Gastwirt und Bäcker Spilker bekommen,

Eine Anzeige aus dem „Lübbecker Kreisblatt“: Henny Porten gehörte zu den bekannten Filmgrößen jener Zeit.

der an der Niedernstraße in der Scheune des ehemaligen Stille'schen Hofgutes einen Saal eingerichtet hatte, der auch dem Kino die besseren Möglichkeiten anbot. Breves verzichtete infolgedessen auf das Filmgeschäft.

Im März 1919 kam das „Hotel Wittekind“ samt Inventar unter den Hammer, den Zuschlag bekam die Lübbecker Brauerei Ernst Barre. Durch Vermittlung des Auktionators Wilhelm Erytropel kaufte es der Gastwirt Christian Schlüter aus Schwege bei Bohmte. Bald war das Haus bekannt als „Hotel Schlüter“. Diese Bezeichnung hielt sich bis zum Abbruch des Hotels im Jahre 1975.

Im Lübbecker Wanderbuch von 1920 preist Hotelier Schlüter sein Hotel als neuzeitlich eingerichtetes Haus mit soliden Preisen, guter Verpflegung und aufmerksamer Bedienung an. Vorhanden waren Autogarage und Ausspann. Die Zeiten, als man noch mit Pferd und Kutsche unterwegs war, gingen jedoch zu Ende. Trotz der wirtschaftlichen Schwierigkeiten wurden vermehrt Automobile auf den Lübbecker Straßen gesichtet. Wer auf sich hielt und das nötige Geld in der Tasche hatte, legte sich ein solches modernes Gefährt zu. Die Kurzbezeichnung „Auto“ war noch nicht im allgemeinen Sprachgebrauch angekommen. „Motorwagen“ war eine häufig benutzte Bezeichnung. Auch von einer „Benzinkutsche“ war die Rede, denn die ersten, in den Anfangszeiten fabrizierten Automobile waren in Form und Sitzgelegenheit einer Kutsche nachempfunden.

Im Jahre 1925 verkaufte Christian Schlüter das Hotel an Otto Holland-Moritz, der bisher in Minden das Gesellschaftshaus „Harmonie" als Pächter geführt hatte.

Mehr oder weniger bedeutende Festlichkeiten pflegten die Wochenenden im Hotel zu begleiten. Dazu gehörten Hochzeiten und Jubiläen sowie Zusammenkünfte und Feiern der mit dem Haus verbundenen Vereine. Der „Westerwall" vor dem Hotel war traditionell Treffpunkt der Schützen. Hier traten die Bürgerschützen an, bevor das Fest auf dem Weingarten seinen Lauf nahm.

Neben den Vergnügungen stellte das Hotel seine Räume auch politischen Gruppen und Parteien zur Verfügung. Der „Stahlhelm" und der „Jungdeutsche Orden" waren hier Dauergast. Das Hotel war darüber hinaus der Gründungsort des Lübbecker Zweiges der „Bismarckjugend". Im Mai 1927 trat hier die erste Versammlung der örtlichen NSDAP zusammen. Nicht einmal ein Dutzend Zuhörer hatten sich eingefunden. Die örtlichen Parteigenossen hatten so ein Debakel nicht erwartet. Die Saalmiete konnte aus den spärlichen Spenden der Besucher nicht bezahlt werden, sodass die Parteikasse zuschießen musste. Zwei Jahre ließen sich die Parteigenossen Zeit, bis sie das Hotel erneut buchten.

Der Saalbau war 1934 so baufällig, dass er abgebrochen werden musste. Der nördliche Anbau wurde vergrößert und erhielt auf der Nordseite einen Stufengiebel. Der „Reichseinheitsverband des deutschen Gaststättenwesens" hatte keine Einwände. Es war die Zeit der NS-Diktatur. Auch die „Reichsbetriebsgemeinschaft, Fachschaft Gaststätten", eine Organisation innerhalb der „Deutschen Arbeitsfront", musste gefragt werden, bevor man mit dem Bau beginnen konnte. Unter dem NS-Regime war das Hotel

Hotel Holland-Moritz um 1935.

mehrfach Tagungsort der NS-Parteiorganisationen, so beim Kreistreffen der NSDAP am 28. und 29. Mai 1939.

Am 9. März 1941 stand „Humor und Frohsinn" auf dem Programm. Unter diesem Motto hatte die Lübbecker Hitlerjugend einen Elternnachmittag angekündigt. Alle Formationen der Hitlerjugend waren vertreten. Eröffnet wurde der Nachmittag des „Humors und Frohsinns" mit Klängen des Fanfarenzuges, gefolgt von einem gemeinsam gesungenen „Ein junges Volk steht auf". Dann richtete sich der Kreisbeauftragte der Hitlerjugend, Parteigenosse Ilgen, mit markigen Worten an die Versammlung und wies nach den Worten des „Lübbecker Kreisblattes" darauf hin, *daß die Jungen und Mädel den Ernst unserer Zeit begriffen haben und mit ihrer jungen Kraft mithelfen wollen, wo immer sie gerufen werden.* Es waren austauschbare Worte, mehr oder weniger leere Worthülsen, wie sie jeder Parteiredner in seinem Repertoire hatte. Einige lokale Parteigrößen kamen noch zu Worte, dann begann ein Programm mit Sketchen, Marschmusik und bekannten Liedern, die den Erwachsenen aus der Schulzeit geläufig waren. Dazu gehörte das Volkslied „Wenn alle Brünnlein fließen". Volksverbundenheit sollte auf Wunsch der Parteizentralen bei derartigen Veranstaltungen demonstriert werden. Völkisch-romantisch klang der Nachmittag mit „Wildgänse rauschen durch die Nacht" aus, einem damals bekannten und mehrfach vertonten Gedicht von Walter Flex.

Im Mai 1943 hieß die Hauswerbung: *Größtes Haus in schönster Lage der Stadt, Fernsprecher 265, Haus für Geschäftsreisende und Touristen, Zentralheizung, Zimmer mit fließend warm- und kaltem Wasser, elektrisches Licht, Garage.* Zu dieser Zeit war das Hotel an den Gastwirt Walter Brenke verpachtet, der vorher eine Gastwirtschaft in Minden betrieben hatte. Für Gaststätten und Beherbergungsbetriebe waren fleischlose Wochentage vorgeschrieben, entsprechend dürftig sah es in der Gastronomie aus.

Die Zeit des Zweiten Weltkrieges ging nicht spurlos am Hotel Holland-Moritz vorüber. In der Küche musste sparsam gewirtschaftet werden. Lebensmittel wurden nach den amtlichen Bezugscheinen abgerechnet. Der Saal war zeitweise Musterungslokal der Wehrmacht.

Das Hotel hat auch eine britische Vergangenheit, im Mai 1945 war es von der britischen Besatzungsmacht beschlagnahmt worden. Da die Hotelküche nicht den speziellen Anforderungen einer Militärküche genügte, wurde auf der Nordseite ein Küchentrakt angebaut.

Obwohl das Hotel jetzt dem Gesellschaftsleben der britischen Armeeangehörigen diente, kam das Clubleben nicht vollständig zum Erliegen. Der erste deutsch-britische Club war hier tätig. Er war bekannt für seine lebhaften Debatten und lud außerdem zu Vorträgen und musikalischen Veranstaltungen ein. Im März 1952 wurde ein Teil des Hauses von der britischen Besatzungsmacht freigegeben, sodass der Hotelbetrieb von der Familie Holland-Moritz teilweise wieder aufgenommen werden konnte. Die Schankerlaubnis musste jetzt mit der „Gewerkschaft Nahrung-Genuß-Gaststätten", Ortsverwaltung Lübbecke, Blüttenstraße 6, abgesprochen werden.

Otto Holland-Moritz verstarb am 28. September 1952, seine Frau Frieda führte den Betrieb vorläufig weiter.

Die Übergabe des Betriebes an den Hotelier Günther Grosse im Dezember 1957 war nur von kurzer Dauer. Nach einer Renovierung wurde das Hotel am 16. Dezember 1957 auf Empfehlung von Frieda Holland-Moritz und ihrer Tochter Margot Becker, Ehefrau des Lübbecker Stadtdirektors Dr. Günther Becker, wiedereröffnet. Im August des Jahres 1958 gab Grosse das Geschäft auf mit der Begründung, das Hotel sei ein unwirtschaftliches Objekt. Der Verdienst sei zu gering und die Pacht zu hoch.

Nachdem die Briten 1957 die noch von ihnen genutzten Gesellschaftsräume freigegeben hatten, wurde das Haus im Folgejahr verpachtet. Am 5. November 1958 erschien in der „Lübbecker Kreiszeitung" die Anzeige zur Neueröffnung des Hotels Holland-Moritz, das sich als „Haus am Bierbrunnen" empfahl. Die Familie Gerhard Stephan warb mit den bekannten Konsummarken „Barre-Bier", dem Schnaps „Niederstädter" und der Zigarre „Erntekrone", drei Produkten, die in Lübbecke hergestellt wurden. Die Verbundenheit mit Ort und Region sollte betont werden. Die Familie Stephan gehörte zu den Flüchtlingsopfern des Zweiten Weltkrieges und stammte aus Oberschlesien. Sie war 1945 vorläufig in Schötmar untergekommen. Gerhard Stephan erhielt am 15. Oktober 1958 unter Vorbehalt die Erlaubnis *zur Ausübung der Konzession in dem von Ihnen gepachteten Hotel Holland-Moritz in Lübbecke, Wallstraße 2.*

An die gesellschaftliche Bedeutung früherer Jahre konnte das Haus jedoch nicht wieder anknüpfen. Für manchen Gast, der sich an die Kochkünste von Frieda Holland-Moritz erinnerte, ließ die Gastronomie zu wünschen übrig. Der Saal erwies sich als zu klein. Die Einrichtung war nicht mehr zeitgemäß. Beim Pfingsttreffen der Bundesheimatgruppe Striegau (Niederschlesien) im Jahre 1962 zeigte sich, dass die Räumlichkeiten des Hotels die Zahl der Gäste nicht fassen konnten.

Am 26. Juni 1962 gab Franz Meyers, Ministerpräsident von Nordrhein-Westfalen, nach einer Bereisung des Kreises Lübbecke einen Empfang für Behörden-, Partei- und Wirtschaftsvertreter im Hotel Holland-Moritz. Einer der zur Debatte stehenden Pläne war der Bau einer Stadthalle mit repräsentativen Räumen für Empfänge, Versammlungen und Feste. Die kümmerlichen Bühnen des Hotels Holland-Moritz und die der beiden Lichtspieltheater, Bürgerpark und Central-Theater, waren für Konzerte und Theater ungeeignet. Das Central-Theater an der Bahnhofstraße musste sich sogar die Bezeichnung „Lübbecker Kulturscheune" gefallen lassen.

Das rege gesellschaftliche Leben vor dem Ersten Weltkrieg und zwischen den beiden Kriegen wollte sich nicht wieder einstellen. Das Hotel machte Schlagzeilen, die dem Ansehen des Hauses nicht zuträglich waren: Während des Bierbrunnenfestes vor der Haustür des Hotels im August 1965 kam es auf der Toilette des Hauses zwischen einem Obdachlosen und einem kanadischen Soldaten zu einem Streit, der für den Landstreicher tödlich endete.

Die Einrichtung des Hauses verfiel zusehends. Als 1969 das Pachtverhältnis mit dem letzten Pächter Gerhard Stephan ausgelaufen war, bedeutete dies das kommende Ende des einst bekannten Hauses.

Ein Blick aus der Vogelperspektive im Jahre 1957. Im rechten Bildteil sieht man das Hotel Holland-Moritz. Gegenüberliegend in der linken, unteren Ecke das von den Briten beschlagnahmte Gebäude der AOK. Zwischen den Baumreihen befindet sich die Firma Hugo Becker, Opel-Vertretung, mit Tankstelle, Werkstatt und Wohnteil.

Nachdem das Haus an die Lübbecker Firma Kolck, bekannt als „Textilhaus Kolck", verkauft worden war, wurde im Nordflügel eine Gaststätte eingerichtet, die Spielautomaten bereitstellte, was zu einigem Ärger mit den zuständigen Behörden führte. Im früheren Hotelteil waren zeitweise ausländische Arbeitnehmer untergebracht. Der Glanz früherer Tage war endgültig dahin. Das mit der Lübbecker Lokalgeschichte eng verbundene „Hotel Schlüter", wie es kurz vor seiner Schließung immer noch genannt wurde, wurde im Oktober 1975 abgebrochen.

Zu dieser Zeit war die Stadthalle an der Bohlenstraße fertiggestellt. Sie wurde anlässlich des Jubiläums „1.200 Jahre Lübbecke" am 11. Oktober 1975 eingeweiht. Damit war ein lang gehegter Wunsch von Bürgerschaft und Verwaltung in Erfüllung gegangen.

13

DAS HAUS MANSBACH UND SEINE NACHFOLGER

Das Bürgertum wollte in allen Jahrhunderten repräsentieren. Wohlstand wurde zur Schau gestellt, sei es in der Kleidung, sei es in der Bauweise des Hauses. Hier wurde besonderer Wert auf die zur Straße gewandte Giebelseite gelegt. Nicht nur die gutbetuchte Oberschicht, sondern auch die Mittelschicht der Handwerker hatte ein Bedürfnis, sich den Gepflogenheiten der Zeit anzupassen. Im ausgehenden 20. Jahrhundert kamen historisierende Elemente diesem Bedürfnis entgegen. Sie wurden zu Versatzstücken. Im Scharrn in Lübbecke bietet sich ein Beispiel an, das frühere Haus des Schlachters Mansbach.

Das Haus ist mit den Hausnummern 11 bis 13 ausgewiesen, es handelte sich also ursprünglich um zwei Bürgerhäuser. Die Bezeichnung „Scharrn" bedeutet, dass hier ursprünglich die Lübbecker Schlachter ansässig waren. Scharrn leitet sich ab von „scarne", der hölzernen Fleischbank der Schlachter, auf dem das Fleisch kundengerecht zerkleinert wurde.

Um die Mitte des 19. Jahrhunderts waren im Scharrn die Schlachter Grupe, Münstermeier und Mansbach ansässig. Die Familien Münstermeier und Mansbach gehörten zur Synagogengemeinde. Gesetzliche Vorschriften erlaubten zu dieser Zeit die Aufnahme jüdischer Familienvorstände in das Bürgerschaftsregister. Ein bestimmtes Vermögen war für die Aufnahme Voraussetzung. Damit folgte man dem Beispiel der seit Jahrhunderten üblichen Praxis bei der Bürgeraufnahme. Der Erwerb des vollen Bürgerrechtes setzte auch bei den christlichen Familien ein bestimmtes Vermögen voraus. Die Bürgeraufnahme bedeutete aber auch die Übernahme bürgerlicher Pflichten. Am 20. November 1848 wurde der Fleischer Mansbach zusammen mit dem Kaufmann Weinberg in die Bürgerschaft aufgenommen.

Das bürgerliche Selbstverständnis und das damit einhergehende Repräsentationsbedürfnis prägten auch die jüdischen Familien. Dem Stadtbild fügten sich Bürgerhäuser ein, die den sozialen Stand zeitgemäß repräsentierten, wobei der patriotische Zeitgeist den Dekor lieferte.

Am 12. Oktober 1899 versicherte die Westfälische Provinzial-Feuer-Versicherung das neue Haus des Schlachtermeisters Julius Mansbach. An die Stelle von zwei Fachwerkhäusern war ein repräsentatives Wohn- und Geschäftshaus getreten, dessen Frontseite bis heute im Wesentlichen erhalten geblieben ist. Beim Versicherungsabschluss bemerkte der Taxator: *Der bauliche Zustand ist sehr gut. Es sind zur Ausführung nur beste*

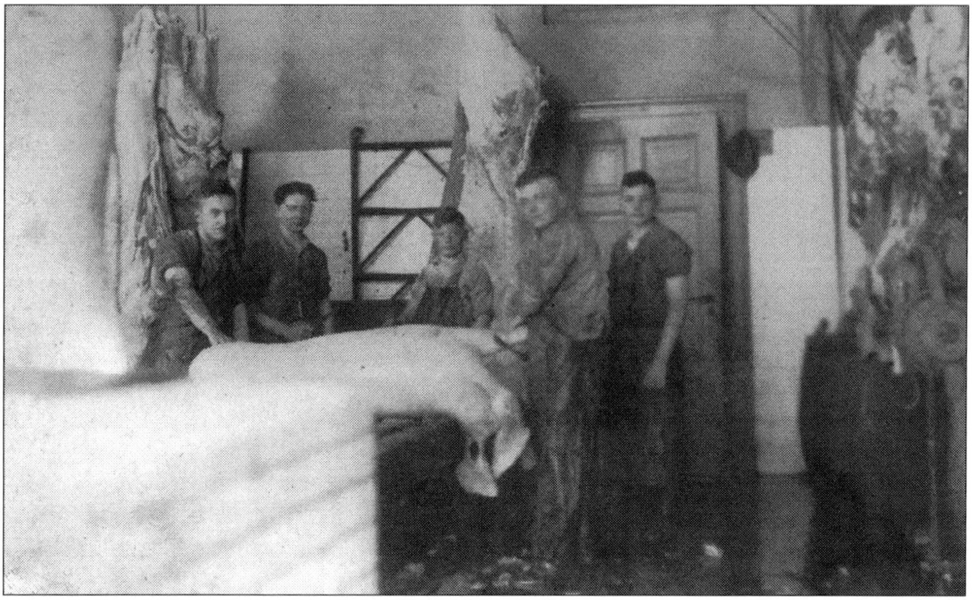

Schlachterei Lülf, um 1910. In der Bildmitte ist Schlachtermeister Heinrich Lülf mit seinem Sohn Robert, der später das Geschäft weiterführte, zu erkennen.

Materialien in regelrechter Weise verarbeitet. Gegen die Nachbargrundstücke ist das Gebäude durch eigene Brandmauern geschützt.

Im Jahre 1909 erschien ein neuer Eigentümer, der Schlachtermeister Heinrich Lülf. Da es sich um einen Neubürger handelte, blieb der bekannte Name Mansbach vorläufig im alltäglichen Sprachgebrauch. Man kaufte weiter bei „Mansbach" ein.

Julius Mansbach war am 21. Januar 1906 gestorben. Seine Schwester Rosalie behielt eine Mietwohnung im Hause Lülf. Während der Drangsalierung in der NS-Zeit musste sie ihr früheres Elternhaus verlassen und wurde in das Haus Weinberg an der Langen Straße eingewiesen, wo sie nur kurze Zeit wohnen durfte. Ihr stand als Jüdin ein schweres Schicksal bevor. Sie wurde nach Theresienstadt deportiert, wo sie entrechtet im Jahre 1942 ein Opfer des NS-Regimes wurde.

Bei dem Neubau wurden historisierende Stilelemente aus dem Barock aufgenommen. Das traufenständige Dach wurde durch einen Mittelerker mit einem bogenförmigen Segmentgiebel aufgelockert. Der Bogenaufsatz wiederholte sich an den Dachgauben. Im Obergeschoss war das Element des Rundbogens, versehen mit reicher Ornamentik, wieder aufgenommen. Mit Ornamentik geschmückte Stuckdecken gehörten zum Innendekor.

Im Laufe der Zeit hat das Gebäude zeit- und geschäftsbedingte Veränderungen hinnehmen müssen. Betroffen davon war auch die zum Scharrn hin gelegene Fassade. Hier gab es einmal eine dreieinhalb Meter breite Durchfahrt zur Schlachterei mit einer neubarocken Toreinfassung. Das Tor und die dahinter liegende Einfahrt wurden

Vorgeführt im Burgmannshof am Markt um 1910. Am rechten Bildrand ist Robert Lülf zu sehen.

dem Schlachtereibetrieb zugeschlagen. Die Schlachterei wurde so vergrößert, das Tor geschlossen und statt seiner zwei Fenster eingelassen, die ursprünglich dem neubarocken Stil angepasst waren, jedoch später mit Glasbausteinen geschlossen wurden, was den Gesamteindruck beeinträchtigte, zumal der schmückende Dekor entfernt und die Gliederungen des Erdgeschosses nicht übernommen wurden. Der noch freie Hofraum wurde zur Erweiterung des Wirtschaftsteiles genutzt. Die vorhandenen Stilformen der Fassade fanden keine Beachtung mehr.

Nach dem Zweiten Weltkrieg, als der Betrieb an die Familie Pryztulla übergegangen war, wurde die Rückseite des Hauses zum Steinweg hin seit der Mitte der 1960er-Jahre durch An- und Umbau dem Stil der Zeit und den wirtschaftlichen Bedürfnissen angepasst. Der Stilbruch zwischen Front- und Rückseite wurde verschärft. Vorn eine neobarocke Fassade, auf der Rückseite die kühle, aber auch phantasielose architektonische Ausprägung des ausgehenden 20. Jahrhunderts.

14

KRIMINELLES AUS LÜBBECKE – EINBRUCH IM HAUSE PÖTTING AM MARKT

Der Nordrand des Marktplatzes, dem heutigen Standort des Bierbrunnens entsprechend, war ursprünglich bebaut. Hier stand um 1880 eines der ältesten Häuser Lübbeckes, das die Stadtbrände von 1705 und 1766 unbeschadet überstanden hatte. Es wurde um 1880 von der Familie des Kaufmannes und Gastwirtes Carl Pötting bewohnt.

Das Haus sorgte im November 1888 für Aufsehen: Es war von Dieben heimgesucht worden. Ausführlich schilderte das „Lübbecker Kreisblatt" den Vorfall und berichtete:

In der vergangenen Nacht [vom 14. auf den 15. November] hat eine Diebesgesellschaft in unserer Stadt arg gehaust. Nicht allein versuchte dieselbe in verschiedene Häuser, namentlich in der Langenstraße, einzubrechen, wovon falsche Schlüssel in den Hausthürschlössern und des Kittes beraubte Fensterscheiben Zeugnis geben, sondern es ist ihr auch wirklich gelungen, einen größeren Diebstahl bei Herrn Kaufmann Pötting auszuführen. Die unreinen Gesellen haben sich hier in der Küche niedergelassen, Licht angezündet, gegessen und getrunken, das Komptoir [Büro] um mehr als 150 Mark geplündert, Zigarren geraucht u.s.w. Wie man hört, sah auch der Nachtwächter das Licht im Hause, glaubte aber, daß die Pöttingsche Familie noch beschäftigt sei.

Ob es sich um einen oder mehrere Diebe handelte, ließ sich nicht richtig feststellen. Das sollte sich jedoch bald herausstellen. Es dauerte nicht lange und der nächste Einbruch war Gesprächsthema in der Stadt. Wieder war bei Pötting eingebrochen worden, und zwar am 6. Dezember, dem Nikolaustag. Kaum geschehen, informierte das „Lübbecker Kreisblatt" und schrieb:

Bereits fing es an stille zu werden von den neulichen Einbruchsversuchen und Diebstählen, und die Furcht vor einer Wiederholung derselben begann sich zu legen – siehe, da überrascht uns beim Aufstehen heute früh die Schreckenskunde: Eben ist bei Nachbar Pötting durch dieselbe Scheibe wie neulich eingebrochen; es sind einige Kisten Zigarren gestohlen. Schnell stob die Polizei mit Hülfstruppen nach allen vier Winden zur Stadt hinaus, um den Dieb zu suchen.

Erfolg hatte sie nicht. Erfolgreich war hingegen ein städtischer Arbeiter, der den Dieb in Richtung des Nachbardorfes Gehlenbeck entwischen sah und ihm unmittelbar folgte. Dicht auf den Fersen des Diebes, wusste dieser keinen Rat mehr und war plötzlich im

Für Ordnung sorgte um 1910 der Stadtpolizist Friedrich Brinkmeyer.

Haus des Gehlenbecker Gastwirtes Müller verschwunden. Hier machte der Wirt kurzen Prozess und den Dieb dingfest. Der örtliche Gendarm war sofort zur Stelle, um den Dieb zu verhaften. Der Wirt informierte den Lübbecker Bürgermeister und jeden, der es wissen wollte.

Als der Dieb ins Rathaus eingeliefert wurde, hatte sich schon eine kleine Volksmenge eingefunden, um den dreisten Dieb in Augenschein zu nehmen. Was sie zu sehen bekam, entsprach nicht ihren Erwartungen. Sie bekam keinen Bösewicht zu Gesicht, sondern einen adrett gekleideten jungen Mann. Man sah ihm nicht an, dass er schon einiges auf dem Kerbholz hatte.

Der junge Mann stammte aus dem benachbarten Isenstedt. Beim Verhör im Rathaus gestand er weitere Einbrüche und Diebstähle. Lübbecke musste für ihn ein lohnendes Revier gewesen sein. Nicht nur die Familie Pötting war bedacht worden, sondern auch das Schützenhaus und das Haus des Fabrikanten Ruben. Hier war der Nachtwächter nicht so arglos gewesen wie bei den Pöttings. Nachdem der Nachtwächter den Dieb ertappt hatte, ergriff dieser die Flucht. Seine Beine waren schneller als die des Wächters. Der Dieb verschwand in der Dunkelheit der Nacht.

Im Rathaus war man froh, den Dieb dingfest gemacht zu haben, und staunte nicht schlecht, als dessen Werkzeuge auf dem Tisch lagen. Diverse Schlüssel, mehrere Dietriche und was ein gewandter Dieb sonst so alles braucht. Am Schluss seufzte das „Lübbecker Kreisblatt“: *Gott sei Dank, daß der Arme der Gerechtigkeit so schnell überliefert und seiner bösen Arbeit ein Ziel gesetzt ist, daß unsere Stadt wieder ruhig sein kann und jeder falsche Verdacht hinfällig geworden ist.*

War der Polizei Diebesgut in die Hände gefallen, dann wurde es der Öffentlichkeit nach vorheriger Bekanntmachung im Rathaus ausgelegt. Im Januar 1889 war Diebesgut des Einbrechers Kreutzmann im Rathaus eingelagert. Wegen seiner tolldreisten Einbrüche war dem Dieb eine gewisse Bewunderung sicher, die ihm auch in Lübbecke entgegenschlug, als er am 8. Januar vor Gericht gestellt wurde. Darüber berichtete das „Lübbecker Kreisblatt“:

Heute gegen Mittag wurde Kreutzmann von dem Bünder Gendarm hier eingebracht. Er trug Gefangenenkleidung und die gestohlenen Sachen waren ihm in einem Bündel auf den Rücken gebunden. Sowohl am Sonnabend, als man den Rücktransport des frechen Einbrechers schon erwartete, als auch heute hatten sich Hunderte von Menschen vor dem Bergerthore angesammelt. Selbstverständlich erzählt man sich seit der Festnahme des Diebes noch die abenteuerlichsten Streiche, die er seit seiner Entweichung ausgeführt haben soll. Wir freuen uns, daß er unschädlich gemacht ist und nun wieder hinter Schloß und Riegel sitzt. Möchte ihm dort bessere Einsicht kommen!

Auf dem hiesigen Rathause befinden sich die verschiedenen Sachen, welche Kreutzmann vorübergehend in Besitz gehabt; z.B. außer einer Anzahl Haus- und Stubenschlüssel eine lederne Reisetasche mit grünem Bande, darin eine Hausjacke, eine Frauenmütze und Strümpfe.

Wie die Bielefelder „Westfälische Zeitung“ am 28. November 1889 zu berichten wusste, war es Kreutzmann gelungen, die Sicherheitsvorkehrungen des Bielefelder Gefängnisses zu umgehen. Wieder einmal war er entwischt. Schon einen Tag später kam es in Schildesche zu einem Einbruch. Dem Dieb war es gelungen, durch den Kuhstall in das Haus zu gelangen, wo ihn eine satte Beute erwartete, 160 Mark Bargeld und ein paar Kleinigkeiten. Der Verdacht fiel sofort auf Kreutzmann. Mehrere Einbrüche, die in der Nähe von Bünde begangen wurden, folgten. Wenige Wochen später ging Kreutzmann der Polizei ins Netz: Er wurde auf einem Hamburger Jahrmarkt, auf dem er sich in einem Karussell versteckte, mit Beutegut aufgegriffen. Kreutzmann wurde den Bielefelder Behörden überstellt. Die „Bielefelder Zeitung“ schrieb: *Sein [Kreutzmanns] großer Hang zu Diebereien hat ihn schließlich in die Falle geführt und wird vorläufig für längere Zeit seiner Verbrecherlaufbahn Einhalt gebieten.*

15

DAS NEUE HAUS PÖTTING IM UMFELD DES MARKTPLATZES

Für die Häuser am Nordrand des Marktplatzes stand im ausgehenden 19. Jahrhundert der Abbruch an. Auch das Haus des Gastwirtes und Kaufmannes Carl Pötting war betroffen. Pötting erwarb ein städtisches Grundstück auf der gegenüberliegenden Straßenseite, um hier einen Neubau errichten zu können. Damit war er Anrainer städtischer Häuser geworden, nämlich des Rathauses und zweier Nebenhäuser. Pötting ließ 1900 einen für Lübbecke beeindruckenden, mehrstöckigen Neubau mit Eckturm errichten, das Haus Am Markt 5. Vorbild waren die in der Gründerzeit nach dem Deutsch-Französischen Krieg errichteten Villen. Stilelemente der Renaissance wurden übernommen. Nach dem Krieg und der Reichsgründung von 1871 wurden die nachempfundenen Renaissanceformen als nationaler Stil gepriesen. Der Nationalgedanke, der in Deutschland und Italien, dem Land der Renaissance, erst spät zum übergreifenden Gedankengut wurde, hatte nun auch in Lübbecke seine architektonische Ausformung erfahren. Die von Füllhörnern umrankten steinernen Porträts am Hause Pötting waren nichts anderes als Adaptionen italienischer Vorbilder. Die Architekten reichten sie der Kundschaft anhand von reproduzierbaren Formvorlagen weiter.

Seit 1934 gab es Pläne, das Rathaus nach Osten zu erweitern. Die Familie Pötting musste zwangsläufig einbezogen werden. Am 14. Januar 1935 erschienen Bürgermeister Meiring und Beigeordneter Hille zusammen mit den Kaufleuten Arthur und Carl Pötting, den Söhnen des bereits genannten Erbauers des Hauses Nummer 5 Am Markt, vor dem Lübbecker Notar Erwin Klug. Die Grundstückseigentümer, die Gebrüder Pötting, genehmigten der Stadtverwaltung die Überbauung ihres Grundstückes mit einem Turm und räumten ein Wegerecht für einen ebenerdigen Zugang unterhalb des künftigen Rathausturmes ein. So war es für die Stadtverwaltung möglich, zu einem hinter dem Rathaus gelegenen, bebauten Grundstück zu gelangen, das der Stadt gehörte. Im Zuge der Erweiterung des Rathauses wurde das zwischen dem Altbau des Rathauses und dem Pötting'schen Hause gelegene kleine Fachwerkhaus abgebrochen, das einmal als Militärhauptwache und später als Krankenhaus und Polizeiwache gedient hatte. Als der Erweiterungsbau des Rathauses im Sommer 1936 fertiggestellt war, besaß Lübbecke zwei Gebäude, die mit ihren dem Markt zugewandten Frontseiten zu einer architektonischen Einheit verschmolzen. Dem Rathaus gegenüber lag ein Kranz alter Fachwerkhäuser, die nach staatlichen Vorgaben 1886/87 erbaute Bürgerschule am Markt und der Burgmannshof mit Scheune, Speicher und Torwärterhaus sowie das letzte Gebäude des Tribbenhofes. Die Marktplatzsanierung der 1960er-Jahre sollte dafür sorgen, dass das bauliche Umfeld des Marktplatzes empfindlich gestört wurde. Auch das Ensemble Rathaus/Pötting wurde in seiner Einheitlichkeit gestört, was jedoch nicht von der Stadtplanung verursacht wurde. Das Tüpfelchen auf dem „i" war der Turmhelm des Eckturmes am Pötting'schen Haus – eine Holzkonstruktion, die mit Schiefer benagelt war. Wegen Baufälligkeit wurde die Bedachung im Juni des Jahres 1969 entfernt und nicht wieder ersetzt.

Als das Stadtjubiläum „1.200 Jahre Lübbecke" im Jahre 1975 anstand, hatte sich das Umfeld am Markt verändert. Schule und Tribbenhof waren wegsaniert, der Kranz der Fachwerkhäuser war gelichtet und im Burgmannshof war aufgeräumt worden. Die geräumige, aus dem späten 19. Jahrhundert stammende Scheune mit Einfahrt vom Marktplatz störte die Planung. Sie wurde schließlich abgerissen. Das Torwärterhaus verschwand, weil der Verkehr angeblich behindert wurde. Es gab einen halbherzigen Ersatz, einen nach Süden versetzten Flachbau mit Walmdach, der als Geschäftslokal, unter anderem als Imbissstube, genutzt wurde. Auch dieses Lokal bestand nur wenige Jahre. Es wurde im November 1978 abgebrochen. Die Ummauerung am nördlichen Hofteil wurde im Herbst 1982 gesetzt. Sie wurde jedoch nicht auf die originale Höhe geführt. Dieser niedriger angesetzte Mauerteil wurde im Juni 2008 durch einen Zugang durchbrochen, um so eine direkte Anbindung zum Scharrn und damit zur

Das Pötting'sche Haus am Markt stand etwa an der Stelle, wo sich heute der Bierbrunnen befindet. Pötting betrieb einen Kolonialwarenhandel und eine Schnapsbrennerei. Eine Gaststube war auch vorhanden.

Im Blickpunkt der Neubau Pötting um 1900.

Langen Straße zu gewährleisten. Hiervon, so hoffte man, würden Feste und Märkte im Burgmannshof profitieren. Die ungeordnete Sanierung des Burgmannshofes hatte Stadtdirektor Tiemeyer einmal zu folgender Bemerkung veranlasst, die die „Neue Westfälische" in ihrer Ausgabe vom 13. Oktober 1978 so wiedergab: *Rein in die Kartoffeln, raus aus den Kartoffeln. Nach diesem Motto scheint sich die Entwicklung der Burgmannshofplanung zu vollziehen. So sah es jedenfalls der Stadtdirektor und mit ihm auch manches Ratsmitglied.*

Um dem Stadtjubiläum eine farbliche Kulisse zu geben, erhielten das Rathaus und die Südfassade des Pötting'schen Hauses einen neuen Anstrich, an dem sich die Stadt beteiligte. Um den Rathausturm farblich abzusetzen, entschied sich das Bauamt unter Bauamtsleiter Herbert Born für die Farbe blau und erntete harsche Kritik.

Die Einheit Rathaus und Pötting'sches Haus blieb bei dem Rathausumbau in den Jahren 2006/07 gewahrt. Das Alte Rathaus, wie es jetzt hieß, wurde neu „aufgeputzt", um einen Ausdruck aus dem Stadtbuch wieder aufzugreifen. Der Rathausturm wurde dieses Mal der farblichen Gesamtgestaltung angepasst.

16

DIE VILLA VON WALDTHAUSEN AM WILHELMSPLATZ

Ein Beispiel klassizistischer Baugestaltung in Lübbecke bietet das Anwesen der Familie von Waldthausen am Wilhelmsplatz. Die Straßenbezeichnung geht auf Wilhelm I. zurück. Anlässlich seines Regierungsantritts als König von Preußen pflanzten Bürgermeister und Rat sowie die Lübbecker Schützen 1861 am Bergertor die Königseiche und gaben dem angrenzenden Platz den Namen „Wilhelmsplatz". Dort wurde 1875 das herrschaftliche Anwesen der Familie von Waldthausen nach Berliner Vorbildern errichtet.

Schon die mit vier Pfeilern und zwei Laternen bestückte Toreinfahrt weist auf das Repräsentationsbedürfnis seines Erbauers, Ludwig von Waldthausen, hin. Ein kurzer Gartenweg führt zu einer Freitreppe vor dem Haupteingang, der von einem auf Säulen ruhenden Balkon mit Balustrade überdacht wird. Wie es dem Repräsentationsbedürfnis des gehobenen Bürgertums entsprach und dem Dienstpersonal selbstverständlich war, gab es einen seitlichen Dienstboteneingang. Den Eigentümern des Hauses ist es zu verdanken, dass auf modische Änderungen verzichtet wurde. Auch der Dienstbotenzugang ist bis heute unverändert erhalten geblieben. Dieser Zugang wurde von den Boten der Schlachter und Bäcker genutzt, die am Wochenanfang ihre Lehrjungen losschickten, um nachfragen zu lassen, was die Herrschaften zu bestellen wünschten. Fleisch wurde in hölzernen Mollen angeliefert, die mit schneeweißen Leinentüchern bedeckt waren. Auch der Brotkorb war in gleicher Weise abgedeckt. Dabei ging es nicht nur um Hygiene, sondern auch darum, die Waren vor neugierigen Blicken zu schützen.

Zum Anwesen gehören bis heute ein parkähnlicher Garten, ein Gartenpavillon und ein Wintergarten, der dem klassizistischen Bau angepasst ist. Auch der bei diesen Villen übliche Ausbau mit einem Erker, bekrönt von einer Turmhaube, gehört zum äußeren Erscheinungsbild der Villa. Vom Erker aus hat man einen Ausblick auf die Waldungen des Wiehengebirges und die Bergertorstraße, damals als Herforder Chaussee bekannt. Sie wurde in den 1960er-Jahren unverständlicherweise in Berliner Straße umbenannt. Da die Villa gegenüber dieser Straße erhöht liegt, schaut man vom Erker auf den Straßenverkehr herab. Das ursprünglich zu dieser Straßenseite hin abschüssige Gartengelände war während der Bauzeit ausgeglichen und mit einer Stützmauer gesichert worden. Das Grundstück war ursprünglich ein Teil der im Stadteigentum stehenden Weingärten, die, wie im Artikel zum Landratsamt erwähnt, nichts mit Weinanbau zu tun haben.

Ludwig von Waldthausen (1843–1927) in Feuerwehruniform.

Der Villa gegenüberliegend befand sich der Pferdestall mit darüber liegender Wohnung für das Hauspersonal, die Domestiken. Daran schlossen sich die Remise für Wagen und Kaleschen an. Auch hier blieb der Baustil bis heute erhalten.

Für Ludwig von Waldthausen, den Kriegsveteranen und Teilnehmer des Deutsch-Französischen Krieges von 1870/71, war der verlorene Erste Weltkrieg, wie für viele andere auch, ein Erlebnis, das ihn persönlich tief getroffen und geprägt hatte. Das wilhelminische Weltbild war ins Wanken geraten. Überkommene gesellschaftliche Traditionen erwiesen sich als brüchig. Führende Persönlichkeiten und Familien hatten versagt. Hinzu kam, dass ein Teil des Vermögens wegen nicht einlösbarer Kriegsanleihen verloren war. Eine Hyperinflation ließ den Rest zusammenschmelzen.

Einer jahrhundertealten Tradition folgend, wurde vom gutbetuchten Bürgertum karitatives Engagement erwartet. Anlässlich seines goldenen Ehejubiläums stiftete von Waldthausen im Juni 1922 bedürftigen Einwohnern eine Summe von 50.000 Mark. Ein Jahr später musste die städtische Armenkommission feststellen, dass der Armenfonds infolge der Inflation bis auf einen kläglichen Rest zusammengeschmolzen war. Nicht einmal eine Person konnte aus sämtlichen Einkünften des Fonds versorgt werden.

Ludwig von Waldthausen, Erbauer der Villa und Ehrenbürger der Stadt Lübbecke, starb im Alter von 85 Jahren am 6. November 1927. Die Todesanzeige verweist auf

Zur linken Hand ist die Villa von Waldthausen am Wilhelmsplatz im Jahre 1963 zu sehen. Rechts davon liegt der ehemalige Pferdestall.

dessen städtische Ämter. Er war Rats- und Magistratsmitglied, Ehrenkommandant der Freiwilligen Feuerwehr, Ehrenmitglied des Kriegervereins sowie Ehrenvorsitzender des Männerturnvereins gewesen. Das Amt eines Kommandeurs des Schützenbataillons hatte er bereits 1914 abgegeben.

Dass von Waldthausen zahlreiche Ehrenämter wahrnehmen konnte, lag daran, dass er keinen Beruf im heutigen Sinne ausübte: Er war Rentier. Er bezog keine Rente im heutigen Sinne, wie man meinen sollte, sondern lebte von Kapitaleinkünften – und das nicht schlecht. Dieser aus privaten Vermögensanteilen finanzierte Lebensstil war nicht nur in Deutschland verbreitet. Die Kapitaleinkünfte sorgten dabei für ein sorgenfreies Leben.

Einem betuchten Rentier wie Ludwig von Waldthausen ist es zu verdanken, dass Lübbecke eine der schönsten Villen aus der Gründerzeit besitzt. Das Anwesen wurde am 25. Juli 1985 unter Denkmalschutz gestellt.

17

ZWEIMAL LÜBBECKER BAHNHOF

Als am 15. Oktober 1847 die Strecke der Köln–Mindener-Eisenbahn eröffnet wurde, gab es in Stadt und Kreis Lübbecke nicht nur Beifall. Vor allem in der Landwirtschaft, bei den Großbauern und Gutsbesitzern, herrschte die Befürchtung, Arbeitskräfte könnten sich, von höheren Löhnen angelockt, den Arbeiterkolonnen für den Bahnbau anschließen. Außerdem würde eine Anbindung an das bereits bestehende Eisenbahnnetz die Industrialisierung mit unabsehbaren Folgen fördern. Eine Abwanderung billiger Arbeitskräfte sei zu befürchten, so die Gegner technischer Erneuerungen. Aus Sicht der Landwirtschaft waren die Befürchtungen auch nicht von der Hand zu weisen.

Im Lübbecker Stadtrat behielten die Zögerlichen vorerst die Oberhand, bis unter Bürgermeister Lüders (Amtszeit 1867–1905) ein Wandel eintrat. Die Fortschrittlichen auf der Seite der Liberalen gewannen in den 1860er-Jahren schließlich an Einfluss. Bürgermeister Lüders bemerkte in einem seiner Verwaltungsberichte: *Eisenbahn und Telegraphen sind jetzt die großen Regulatoren des Verkehrs und des Volkswohlstandes.*

Die Lübbecker Stadtverwaltung bestand auf der Einrichtung einer lokalen Eisenbahnstation, die Kreisverwaltung stand den Plänen allerdings wenig wohlwollend gegenüber. Sie favorisierte eine Eisenbahnlinie, die an Lübbecke vorbei von Bünde über Levern nach Lemförde führen sollte, um so an die Strecke Osnabrück–Bremen angebunden zu werden. Die Lübbecker sahen schon die Eisenbahn an Lübbecke vorbeirollen und setzten alle Hebel in Bewegung, eine Streckenführung herbeizuführen, die Lübbecke begünstigte.

In der Mitte der 1880er-Jahre war die Bahnführung über Levern und Lemförde nicht mehr aktuell. Zwei Strecken standen jetzt zur Entscheidung, die Strecke Bünde–Lübbecke–Rahden–Diepholz oder Bünde–Lübbecke–Rahden–Sulingen–Bassum. Die Diepholzer Seite drängte Bürgermeister Lüders, sich für den Vorschlag zugunsten Diepholz' einzusetzen mit der Begründung, dass das Oldenburger Land über Rahden, Wagenfeld und Diepholz gut zu erreichen sei. Die übergeordneten Behörden der Eisenbahnverwaltung entschieden sich jedoch für die Streckenführung über Rahden nach Bassum und weiter nach Bremen.

Die Lübbecker wurden allmählich ungeduldig. Das „Lübbecker Kreisblatt" ließ am 23. Februar 1889 seine Leser wissen: *Ob wir wohl noch erleben, daß der erste Zug von Lübbecke nach Löhne oder Bünde fährt? Wenn durch alles mögliche Schreiben und Reden*

Eisenbahnen entständen, dann hätten wir sie schon längst. Es sollte noch ein Jahrzehnt ins Land ziehen, bis die Lübbecker an das Schienennetz angeschlossen waren.

Im Frühjahr 1897 wurde mit dem Bau der gewünschten Eisenbahnstrecke begonnen, und zwar von Sulingen und Bünde zur gleichen Zeit. Die Strecke wurde also von beiden Eckpunkten zusammengeführt. Am Sonntag, dem 14. Mai 1899, lief der erste Probezug in den Lübbecker Bahnhof ein.

Am 11. September 1899 teilte der Mindener Regierungspräsident dem Lübbecker Bürgermeister Lüders mit, dass die Strecke Bünde–Rahden innerhalb der Neubaulinie Bünde–Sulingen–Bassum am 21. September landespolizeilich abgenommen werde. Es war eine Maßnahme zur Überprüfung der Streckensicherheit. Ein sogenannter Revisionszug sollte eingesetzt werden. Die Teilnahme von Vertretern aus den Verwaltungen der Städte und Gemeinden war deshalb erforderlich, weil auch Straßen- und Wasserrechte vom Eisenbahnbau betroffen waren und die lokalen Behörden über entsprechende Ortskenntnisse verfügten. Vor allem sollte die öffentliche Sicherheit auf den Straßen und Wegen, die die Bahnstrecke überquerten, gewährleistet sein.

Die öffentliche Einweihung des Lübbecker Bahnhofes fand am 30. September 1899 statt. In Lübbecke war ein einstöckiger Zweckbau entstanden. Dieser umfasste eine Laderampe für Stückgut, einen technischen Teil, ein Büro mit Fahrkartenverkauf und einen Warteraum. Der Tag wurde zum Bürgerfest. Zur Feier des Tages war in der Stadt Fahnenschmuck ausgehängt. Die Zufahrt zum Bahnhof über die Stockhauser Chaussee, die spätere Bahnhofstraße, war mit einem Ehrenbogen geschmückt, der auf der zum Bahnhof gerichteten Seite das Stadtwappen und auf der zur Stadt gerichteten den Reichsadler trug.

Schon morgens um 10 Uhr hatte ein Sonderzug Ehrengäste von Lübbecke nach Bünde gebracht. Dort empfingen sie die Vertreter der Eisenbahnbehörde, der zuständigen Regierungsstellen und der Kommunalverwaltungen. Von Bünde aus setzte sich der festlich geschmückte Sonderzug mit seinen Gästen in Richtung Lübbecke in Bewegung. Er hielt an allen Stationen. Am Halteort Neue Mühle an der Kreisgrenze Herford/Lübbecke stieg Wilhelm von Ledebur, Landrat des Kreises Lübbecke, zu. Dieser konnte die anwesenden Herren vom Zug aus auf seinen Familiensitz Gut Crollage mit seinem prächtigen Herrenhaus aufmerksam machen.

Der Zug lief planmäßig um 12.25 Uhr in den Lübbecker Bahnhof ein. Einige Abteilfenster waren von den Fahrgästen bereits heruntergelassen worden, um sich durch Winken und Rufen bemerkbar zu machen. Auf dem Bahnsteig hatten sich die Vertreter der Behörden, zahlreiche Bürger und die Schulklassen mit ihren Lehrern eingefunden. Das Kommen des Zuges wurde von der Kapelle der Freiwilligen Feuerwehr angekündigt. Das Deutschlandlied erklang, als der Zug in den Bahnhof einrollte. Er wurde mit Hurrarufen, Hüteschwenken und Beifall empfangen. Für die Lübbecker Stadtvertretung ergriff Rechtsanwalt Bahre das Wort. Der Redner war nicht mit einer lauten Stimme gesegnet, seine Worte gingen im allgemeinen Jubel unter.

Bald setzte sich der Zug unter den Klängen des Deutschlandliedes wieder in Bewegung. Als er am Bahnhof Gestringen anhielt, war die Landbevölkerung in

Gut Crollage um 1935.

Festtagskleidung erschienen. Viele hatten schon von der Eisenbahn gehört, sie aber noch nie gesehen. Weiter ging die Fahrt nach Rahden und nach den üblichen Grußworten von dort wieder zurück nach Lübbecke.

Hier warteten die Feuerwehrkapelle und zahlreiche Gäste auf die Ehrengäste. Die Gesellschaft formierte sich zu einem Festzug durch die Innenstadt. Im Saale Wellmann an der Wallstraße wurden sie schon ungeduldig zum Festmahl erwartet. Nach der Festansprache von Eisenbahndirektor Lüdecke aus Münster gab es ein Hoch auf Seine Majestät Kaiser und König Wilhelm II. Die Neubaustrecke Bünde–Lübbecke–Rahden war nach den Worten des Eisenbahndirektors jetzt ein Bindeglied der Preußischen Staatseisenbahnen geworden. In seiner Replik meinte Landrat von Ledebur, dass die schreckliche, eisenbahnlose Zeit nun beendet sei.

Es gab bei der Eisenbahn vier Wagenklassen – von der gut gepolsterten bis zur geräumigen Klasse mit Holzbänken in den Ecken. In der vierten Klasse konnte man billig und mit viel Gepäck reisen, was die Bahnaufsicht erboste, weil die Abteile so mit Kisten, Kästen und Koffern vollgestellt waren, dass die Kontrolleure Schwierigkeiten hatten, ins nächste Abteil zu gelangen. Auch das Knipsen der Fahrkarten verlangte unter solchen Umständen besonderes Geschick. Die Eisenbahnverwaltung wies ausdrücklich darauf hin, dass das Gepäck so beschaffen sein müsse, dass es von einer Person bequem zu

Empfang auf dem Lübbecker Bahnhof am 30. September 1899. Im Hintergrund ist die „Gasfabrik am Hahlerbaum" zu erkennen, die im Dezember desselben Jahres in Betrieb genommen wurde.

transportieren sei. Solche Gepäckmengen seien auch dann nicht zugelassen, wenn zwei Fahrkarten gelöst worden seien.

Wegen des Eisenbahnanschlusses und des 1897 eröffneten Kreiskrankenhauses an der Liemschen Straße musste eine neue Straßenverbindung hergestellt werden, die Kaiserstraße. Die Tappernatstraße, abgeleitet von „taber", Eckturm der Stadtbefestigung, die am Westertor abzweigte und über das Bahnhofsgelände nach Stockhausen führte, blieb nur noch als Fußweg erhalten. Im Verlauf entspricht sie heute der Andreasstraße. Neu war die Bahnhofstraße mit direktem Anschluss an die Alsweder Straße.

Mit der Eröffnung der Bahnstrecke war die seit 70 Jahren bestehende Postkutschenverbindung auf der Strecke Preußisch Oldendorf–Lübbecke überflüssig geworden. Begeisterung in Lübbecke, wehmütiger Abschied in Preußisch Oldendorf, wo am Tage der Lübbecker Bahnhofseröffnung Posthalter Steinmann abends von vielen Bürgern im Fackelschein von der Poststation abgeholt wurde. Dabei wurden mehrere bekannte Melodien auf dem Posthorn geblasen. Das Oldendorfer Gefährt, ein Relikt aus der guten alten Postkutschenzeit, war überflüssig geworden. Die Kutsche war wenige Tage später verkauft, um irgendwo im Sauerland Reisende zu befördern.

Am 8. Oktober 1899, einem Sonntag, gab es eine Überraschung auf dem Bahnhof. Plötzlich wollten alle mit der Eisenbahn fahren. Es gab Gedränge vor dem Fahrkartenschalter und einen übervollen Bahnsteig. Obwohl zusätzliche Waggons angehängt worden waren, erhielten nicht alle einen Sitzplatz. Wochentags gab es noch eine Überraschung für die Bahnbeamten. Die Kinder hatten den Bahnsteig als willkommenen

Spielplatz entdeckt. Per „Lübbecker Kreisblatt" wurden die Eltern ermahnt, ihre Kinder zurückzuhalten. Mögliche Strafen wurden angedroht. Das Problem war bald behoben. Um Unfällen vorzubeugen und Neugierige vom Bahnsteig fernzuhalten, mussten Personen, die Besuch erwarteten, eine Bahnsteigkarte lösen. So war es auch auf anderen Bahnhöfen vorgeschrieben.

Der erste Verstoß gegen die Sicherheitsvorkehrungen der Bahn ereignete sich kurze Zeit nach der Streckeneröffnung. Im Oktober 1899 wäre ein Fuhrwerk auf dem Bahnübergang zur Stockhauser Chaussee, der heutigen Alsweder Straße, fast von einem Zug erfasst worden, hätte der Lokomotivführer das Fuhrwerk nicht rechtzeitig erkannt und den Zug zum Halten gebracht. Die Bahndirektion erstattete Anzeige gegen den Knecht des Fahrzeughalters, einen Bauern aus Stockhausen. Dieser musste zur Strafe 50 Mark bezahlen oder ersatzweise zehn Tage ins Gefängnis.

Beim Gauturnfest am 16. und 17. Juli 1900 war man in Lübbecke stolz darauf, dass die angereisten Turner am Bahnhof in Empfang genommen werden konnten. Vorher hatte man sie auf Leiterwagen vom Bahnhof Löhne abholen müssen.

Der 29. September 1900, ein Sonnabend, war ein neuer Festtag für die Eisenbahn: Die Bahnstrecke Rahden–Sulingen war betriebsbereit. Ein Extrazug war in Löhne eingesetzt worden, der auch in Lübbecke Festgäste aufnahm. In Rahden wurden weitere Waggons für die zahlreichen Gäste angehängt. Insgesamt zog die bekränzte Lokomotive die stattliche Zahl von 16 Waggons. Auf allen Stationen waren die Kapellen der Kriegervereine zum Empfang angerückt. Die Schulklassen waren mit ihren Lehrern vertreten. Dazu kamen die vielen Zuschauer in Festkleidung. Mit Verspätung traf der Zug in Sulingen ein, wo es zu einem Festessen in den Ratskeller ging. Am späten Abend machte der Zug wieder in Lübbecke Halt. Am folgenden Sonntag stattete eine Sulinger Gesellschaft, die mit der Bahn angereist war, Lübbecke einen Gegenbesuch ab, um *unseren Bergen einen Besuch abzustatten*, wie das „Lübbecker Kreisblatt" seine Leser wissen ließ.

Natürlich gehörte zu einem Bahnhof eine Gastwirtschaft, die den Wünschen der Kutscher von Fuhrwerken entgegenkam und Stallungen bereitstellte. Auch an Reisende war gedacht, die sich nur kurz in Lübbecke aufhalten wollten und eine Übernachtungsmöglichkeit suchten. Im Herbst des Jahres 1902 wurde mit dem Bau der Gastwirtschaft Höhmann begonnen. Der Bau in der Strubbergstraße 10 ist heute noch erhalten.

Geschäftstüchtig war auch der Bahnhofswirt August Barmeier, der aus Bruchmühlen stammte. Im März 1904 eröffnete er zwischen dem Gasthaus Höhmann und dem Bahnhof ein Lager für den Verkauf von Getreide, Futtermittel und Dünger.

Es sollte nur einige Jahre dauern, und es mehrten sich die Stimmen, dass Lübbecke einen Bahnhof benötige, der einer Kreisstadt würdig sei. Darauf wurde der deutschkonservative Reichs- und Landtagsabgeordnete Karl Sielermann, gebürtig aus Holsen bei Lübbecke, angesprochen. Dieser zeigte sich für das Begehren aufgeschlossen und nahm bei der Beratung des Eisenbahnetats am 1. März 1911 im Berliner Abgeordnetenhaus Stellung. Das „Lübbecker Kreisblatt" druckte seinen Kommentar, in dem es unter anderem hieß:

Der Lübbecker Bahnhof neu und alt im Jahre 1940. Rechts im Bild ist der Bau von 1899, links das Bahnhofsgebäude von 1916 erkennbar. Das Altgebäude wurde im Dezember 1980 abgebrochen.

Der Bahnhof in Lübbecke läßt auch viel zu wünschen übrig. Wenn man berücksichtigt, daß Lübbecke eine Kreisstadt und Sitz vieler Beamter ist, und auch einen regen Verkehr hat, muß man zu der Ansicht kommen, daß der Bahnhof doch recht dürftig ausgestattet ist. Er macht den Eindruck einer provisorischen Einrichtung. Das Empfangsgebäude hat nur kleine Räume; der Bahnsteig ist nicht überdacht – kurz die ganze Einrichtung des Bahnhofes ist sehr bescheiden.

Während des Ersten Weltkrieges im August 1915 wurde mit dem Bau des heutigen Bahnhofsgebäudes begonnen. Es war oft schwer, Handwerker aufzutreiben. Viele waren zum Militärdienst einzogen. Im September 1916 war das neue Bahnhofsgebäude endlich fertiggestellt. Es gab eine Warmwasserheizung und ein elektrisch betriebenes Uhrwerk. Im westlichen Seitenflügel befanden sich die Wohnung des Bahnhofsvorstehers und der große Dienstraum mit der Fahrkartenausgabe. Im Mittelbau lagen die Warteräume mit der Telefonzelle. Der östliche Teil war dem Bahnhofswirt vorbehalten. Damit hatte Lübbecke ein weiteres Restaurant erhalten.

Auf eine festliche Einweihung hatte man wegen des Krieges verzichtet. Dieser hatte bedrohliche Ausmaße angenommen. Viele Familien hatten den Verlust des Vaters oder Sohnes zu beklagen, die „auf dem Feld der Ehre“ ihr Leben gelassen hatten. Auf dem Lübbecker Bahnhof zeigte sich das Feldgrau der Soldaten. Die einen stiegen aus, um einige Tage Urlaub mit der Familie zu erleben, andere bestiegen den Zug zu einer Fahrt in eine ungewisse Zukunft.

18
DIE LÜBBECKER KRANKENHÄUSER

Bevor das Kreiskrankenhaus an der Liemschen Straße, der späteren Wittekindstraße, im Jahre 1897 in Betrieb genommen wurde, war das Krankenhauswesen in Lübbecke in einem desolaten Zustand. Weder die Stadt noch die Kirche waren in der Lage, ein Krankenhaus zu betreiben, das den damaligen Erfordernissen genügte. Es fehlte vor allem an Geld.

Bereits um 1800 war das überkommene Armen- und Hospitalwesen am Ende. Das Armenhaus, hervorgegangen aus dem Heilig-Geist-Hospital des Mittelalters und am Ostertor gelegen, machte auf Besucher der Stadt keinen guten Eindruck. Beklagt wurde der *unangenehme Prospect beim Eingang zur Stadt*. Das Haus war dem Verfall preisgegeben.

Am 5. Dezember 1828 trat die städtische Armenkommission zusammen. Der Verkauf des Armenhauses war bereits beschlossene Sache. Es ging nur noch darum, die Erlaubnis der Regierung Minden einzuholen. Der Erlös sollte der Einrichtung eines städtischen Krankenhauses dienen. Nachdem die Regierung eingewilligt hatte, wurde das Armenhaus zur Versteigerung ausgeschrieben. Kaufmann Stille erhielt am 10. April 1829 den Zuschlag, veräußerte es aber wenige Tage später an den Kaufmann Protze. Ob Protze den heutigen klassizistischen Bau errichten ließ, ist fraglich. Auf jeden Fall wurde das abbruchreife Gebäude weiterverkauft. An die Stelle des Armenhauses wurde ein Gasthof, der „Berliner Hof", gebaut. Als Grund- und Gebäudesteuerpflichtiger für das Haus Ostertorstraße 7 erscheint 1832 der Gastwirt Friedrich Christiani. Mit ihm hatte die jahrhundertealte Geschichte des Heilig-Geist-Hospitals am Ostertor ihr Ende gefunden.

Um den Kostenaufwand für ein Krankenhaus möglichst gering zu halten, entschloss sich die Stadtverwaltung, die neben dem Rathaus liegende ehemalige Hauptwache für die Einrichtung eines Krankenhauses zu nutzen. Nachdem die Wache nach den napoleonischen Kriegen vom Militär aufgegeben worden war, war hier ein Frauengefängnis für kurzfristige Inhaftierungen eingerichtet worden.

Der Armenvorstand beschloss am 22. August 1830, den Totengräber Nolte als Krankenwärter anzustellen. Seine Frau sollte ihm behilflich sein. Die ärztliche Aufsicht oblag Dr. Hagspihl in seiner Eigenschaft als städtischer Armenarzt. Die Wohnung des Ehepaares Nolte lag ebenerdig im Parterre. Die Wohnung sollte den Noltes solange überlassen bleiben, wie das Ehepaar kinderlos blieb. Im oberen Stockwerk befanden sich die Krankenzimmer. Dem Krankenwärter Nolte war aufgegeben, die Krankenstuben täglich zu lüften und zu reinigen. Für die Hygiene war das Ausräuchern mit Wacholderbeeren vorgeschrieben, auch die Reinigung der Wäsche war Aufgabe des Krankenwärters. So liest sich jedenfalls der Aufgabenkatalog. Gemeint war, dass sich das Ehepaar die Aufgaben teilte.

Das Lübbecker Krankenhaus entsprach aus heutiger Sicht in keiner Weise den damaligen, bescheidenen Forderungen an ein Krankenhaus – weder in räumlicher noch in medizinischer Hinsicht, von der pflegerischen Seite ganz zu schweigen, denn die Frau des Totengräbers galt als herrisch und wenig umgänglich.

Das armselige Lübbecker Krankenhaus wurde mehr schlecht als recht von dem Totengräber und Krankenwärter Nolte geführt. Nach seinem Tod übernahm die Witwe die Krankenpflege. Mit dieser Aufgabe war sie allerdings hoffnungslos überfordert. Das geringe Salär und die freie Wohnung samt Feuerung waren kaum motivierend, das „Krankenhaus" so zu führen, wie es der Magistrat vorgeschrieben hatte. Eine zusätzliche Hilfskraft einzustellen, wurde von der Armenkommission abgelehnt. Die von ihr verwalteten Hilfsgelder reichten kaum zur Linderung der dringendsten Fälle. Bürgermeister Strubberg war es leid, sich die ständigen Beschwerden über die Witwe Nolte anhören zu müssen. Als ihre Ablösung im Jahre 1846 beschlossene Sache war, gingen bei der Stadtverwaltung fünf Bewerbungen ein. Unter den Bewerbern war der Tischler Nolte. Auf Einstellung hoffend, erbot er sich, zusätzlich Brennholz für die Schule zu hacken – ohne Entlohnung. Die allgemeine Notlage hatte die Bewerber gezwungen,

Der frühere „Berliner Hof" war einmal Treffpunkt der Lübbecker Honoratioren, die hier den Club von 1841 aus der Taufe hoben. Das Haus wurde am 11. März 1985 unter Denkmalschutz gestellt und später sorgfältig restauriert.

Der Lübbecker Marktplatz um 1850 mit dem Rathaus in der Bildmitte. Links vom Rathaus ist das Torwärterhaus am Burgmannshof, rechts die frühere Hauptwache und das spätere „Krankenhaus" zu sehen.

sich um den armseligen Posten eines Krankenwärters zu bemühen. Das Jahr 1846 war besonders bedrückend, da ein Teil der Ernte nach einem harten Winter in der Gluthitze des Sommers verbrannte.

Das Jammern der Witwe Nolte half. Sie gelobte Besserung und durfte ihren Posten als Hilfskraft behalten. Polizeidiener Oppel wurde ihr als Krankenwärter zur Seite gestellt. Schließlich sah sich Dr. Hagspihl gezwungen, den desolaten Zuständen im Lübbecker „Krankenhaus" ein Ende zu setzen. Er verlangte ultimativ, es zu schließen. In der Zeit des politischen Umbruchs im Jahre 1848 wurde das „Krankenhaus" am Markt geschlossen.

Wenn das geschlossene „Krankenhaus" auch in jeder Hinsicht reparaturbedürftig gewesen war, etwas Besseres war nicht in Sicht. Als 1871 auf Anregung des Presbyteriums ein „Krankenhaus" im ehemaligen Tribbenhof eingerichtet werden sollte, rief diese Form eines „Krankenhauses" in der Bürgerschaft und in den Reihen der Stadtverordneten nur Widerwillen und Ablehnung hervor. Das Vorhaben wurde letztlich zu den Akten gelegt.

Die Zustände waren unhaltbar geworden. Stadtverwaltung und evangelische Kirche trafen schließlich ein Abkommen zur Errichtung eines „Krankenhauses" im früheren, inzwischen maroden Armenhof an der Kapitelstraße. Damit hatten sich die

Verhältnisse, die in einem Bericht der Stadtverwaltung als primitiv bezeichnet werden, nicht grundlegend verbessert.

In den Statuten des evangelischen Kranken- und Pflegehauses an der Kapitelstraße vom 14. März 1874 heißt es einleitend: *Das Kranken- und Pflegehaus zu Lübbecke hat den Zweck, Kranke jeder Art und Confession in rechte Pflege zu nehmen. Kranken und Gebrechlichen der Gemeinde Lübbecke, auch, soweit es der Raum gestattet, aus anderen Gemeinden, eine geeignete Zufluchtsstätte zu gewähren.* Von einem Krankenhaus, wie es den medizinischen Erkenntnissen der Zeit entsprach, war man noch weit entfernt. Die Leitung des Kranken- und Pflegehauses, in der Bürgerschaft eher bekannt als Armen- und Siechenhaus, war einer Diakonisse übertragen worden. Ihr waren *fünf bis sieben Freundinnen* zur Seite gestellt, die die Tätigkeit der Diakonisse *mit weiblichem Auge* überwachen sollten, jedoch nur *beratenden Einfluß hatten*, was zu allerhand Eifersüchteleien Anlass gab. Das Haus stand noch in der seit Jahrhunderten überlieferten Tradition der Armenpflege. Der überkommene Familienverbund, in dem gegenseitige Hilfe bei der Krankenpflege selbstverständlich war, hatte noch nichts von seiner bindenden Kraft eingebüßt. In den Bürgerhäusern kam niemand auf die Idee, einen bettlägerigen Kranken dem Kranken- und Pflegehaus zu überantworten. Häusliche Pflege unter der Aufsicht des Arztes war eine Selbstverständlichkeit. Im Stadtrat stellte sich immer dringender die Frage, ob ein städtisches Krankenhaus finanzierbar sei. Die umliegenden Gemeinden, die ein solches Haus auch in Anspruch nehmen würden, mussten eingebunden werden, und das konnte nur der Kreisverwaltung gelingen.

Der Landrat und die Kreistagsabgeordneten mussten für diesen Plan gewonnen werden. Im Kreistag wollte man jedoch davon vorerst nichts wissen und verwies auf die unabsehbaren finanziellen Kosten. Den entscheidenden Einfluss hatte der Landrat selbst. Schließlich herrschte Einvernehmen zwischen Landrat und Bürgermeister, dem Bau eines Kreiskrankenhauses zuzustimmen, zumal der Regierungspräsident drängte, endlich einen Beschluss zu fassen. Am 16. Juli 1894 war es soweit. Der Lübbecker Kreistag beschloss, ein Kreiskrankenhaus mit etwa 50 Betten zu bauen. Am 7. Mai 1897 wurde das Krankenhaus an der Liemschen Straße, der heutigen Wittekindstraße, eingeweiht. Pastor Bodelschwingh, Bethel, hielt die Einweihungspredigt unter dem Gleichnis vom barmherzigen Samariter.

Die Septembertage des Jahres 1914 ließen die Folgen des Krieges spüren. Die Heeresleitung verlangte von den Krankenhäusern, dass sie ein bestimmtes Bettenkontingent für Kriegsverwundete zur Verfügung halten müssten. Im September 1914 richtete das Rote Kreuz im Lübbecker Kreiskrankenhaus vorsorglich ein Lazarett ein, das verwaltungsmäßig zum Lazarett Herford gehörte. Im September 1915 wurden 25 Verletzte in das Lübbecker Krankenhaus eingeliefert. Dr. Seitz, Leiter des Krankenhauses, resümierte im Mai 1919 nach Kriegsende, dass von 1915 bis 1918 die Zahl der Patienten von 270 auf 493 Personen im letzten Kriegsjahr angestiegen sei. Häufig seien Kriegsverletzungen und Erkrankungen aufgrund mangelhafter Ernährung die Ursache für die Einweisung gewesen.

Eine Postkarte des Lübbecker Fotografen und Kunstmalers Wilhelm Schröder vom Lübbecker Kreiskrankenhaus um 1920.

Dem Kreistag lag am 4. April 1922 ein Antrag auf einen Um- bzw. Erweiterungsbau vor. Bemängelt wurden die Zustände im Operationsraum, in dem die Wände schadhaft waren. Ein separater Raum für Apparate, Geräte und Verbandstoffe wurde dringend benötigt. Der Kreistag genehmigte den Antrag und beauftrage den Lübbecker Architekten Rudolf Bomnüter mit der Realisierung des Planes. Das Krankenhaus erhielt einen westlichen Anbau, der 1930 nochmals erweitert werden musste. Es sollte nur wenige Jahre dauern, und der nächste Anbau war fällig.

Eine Überprüfung der Relation zwischen Einwohnerzahl und vorhandenen Krankenbetten zeigt für das Jahr 1934, dass der Kreis Lübbecke mit einem Verhältnis von rund 100 Krankenbetten auf 58.000 Einwohner unterversorgt war. Der Kreistag beschloss erneut eine Erweiterung. Dieses Mal in einem großzügigen Rahmen. Im Jahre 1936 war der Ostflügel fertiggestellt.

Zum Schutz vor Fliegerangriffen im Zweiten Weltkrieg musste der Keller so vorbereitet werden, dass er als Luftschutzkeller benutzt werden konnte. Ein für feindliches Flugpersonal sichtbares „Rotes Kreuz" wurde auf das Dach gemalt. Man konnte zu dem Zeitpunkt noch nicht wissen, dass man sich in London für Lübbecke zu interessieren begann. Ein abgelegener und unversehrter Ort war gefragt, um der Militärregierung nach Kriegsende Wohn- und Arbeitsraum zur Verfügung stellen zu können. Lübbecke mit seinen vielen gepflegten Privathäusern, seinem großzügig bemessenen Finanzamt sowie der Gauschulungsburg für Westfalen-Nord, dem ideologischen NS-Zentrum am

Waldrand, machten die Kleinstadt attraktiv gegenüber den zerbombten Groß- und Mittelstädten. Die Lübbecker lebten trotz einiger Bombenabwürfe und Tiefliegerangriffe in relativer Sicherheit.

Nach Kriegsende im Juli 1945 verfügte das Kreiskrankenhaus über 140 Betten, 22 Notbetten in einer Baracke auf der Nordseite im Gartenteil sowie rund 40 Betten im Kurhaus Holsing in Holzhausen. Die britische Militärregierung übertrug Dr. Michael Allert am 1. Juli 1945 die Leitung des Hauses, der bis 1966 dieses Amt ausübte. Die Betten im Kurhaus mussten aufgegeben werden, das Lübbecker Kreiskrankenhaus wurde erweitert.

Dr. Allert war nach einem abenteuerlichen Leben in Lübbecke gelandet. Er stammte aus einer muslimischen Familie, die in Schuscha nicht weit von Baku in Aserbaidschan, beheimatet war. Über die Türkei gelangte er nach Deutschland, um sich hier seinen sehnlichsten Wunsch zu erfüllen – Medizin zu studieren. Sein Name wurde der deutschen Sprache angepasst. Aus „Mikail Allahwerdi“ wurde „Mikail Allieff“ und schließlich Michael Allert. Fleißig, ehrgeizig und vor allem zurückhaltend erreichte er sein Ziel. Er wurde Krankenhauschef in der Kleinstadt Lübbecke, wo man ihn zu schätzen lernte und wo er sich mit seiner Familie zu Hause fühlen sollte.

Im Jahre 1949 wurde mit einem Erweiterungsbau begonnen, ein Nordflügel wurde angefügt. Raummangel sollte ein Dauerbegleiter werden. Am 12. Oktober 1957 glaubte man wieder einmal, aus dem Gröbsten heraus zu sein, als ein nach Westen ausgerichteter Seitenflügel der Öffentlichkeit vorgestellt wurde. Es sollte nur wenige Jahre dauern, und man stand wieder vor dem gleichen Problem, zumal der medizinisch-technische Fortschritt immer neue Anforderungen stellte.

Im Jahre 1968 war es wieder soweit. Die Probleme waren drängender denn je. Empfohlen wurden mehrere Bauabschnitte auf der Nordseite des Hauses. Allmählich reifte die Einsicht, dass das Flickwerk nicht mehr ausreichte. Ein Neubau musste her, um aus baulicher und medizinischer Sicht den Ansprüchen der Zeit zu genügen.

Standort des neuen Krankenhauses sollte ein Flurstück werden, das in den Flurkarten unter der Bezeichnung „Sonnenwinkel“ nahe dem Korff'schen Gehölz eingetragen war und zum Gut Obernfelde gehörte. Kaum jemand konnte etwas mit den beiden Eichen anfangen, die am Anfang eines Weges standen, der zum Gut führte. Die Eichen gehörten ursprünglich zum Hof Spellmeier. Dieser Hof wurde um 1830 aufgegeben und dem Gut Obernfelde einverleibt. Nur wenig entfernt von den Eichen stand einmal ein massives, doppeltes Arröderhaus für Gutsangestellte. Es war in einem ruinösen Zustand. Im Kriegsjahr 1944 war es von einem brennend abstürzenden, britischen Kampfflugzeug getroffen worden. Der endgültige Abriss war beschlossene Sache. Unberührt blieb das denkmalgeschützte, vorbildlich in die Landschaft hineinkomponierte Ministerhaus, erbaut nach einem Entwurf Schinkels.

Den Zuschlag zum Krankenhausneubau im Architektenwettbewerb erhielt das Architektentrio Wolfgang Securius, Paul Witan und Rudolf Vehlin aus Frankfurt. Das Modell wurde 1971 der Öffentlichkeit vorgestellt. Entscheidend war eine Besprechung

Das nach den Plänen Schinkels erbaute „Ministerhaus" auf Gut Obernfelde in einer Aufnahme aus dem Jahre 1975. Die Witwe des preußischen Ministers Eberhard von der Recke bezog das Haus im Jahre 1818.

im März 1972 mit dem Düsseldorfer Ministerium für Arbeit, Gesundheit und Soziales sowie dem Regierungspräsidenten Detmold. Hier wurden unter anderem die Fachrichtungen festgelegt. Im Januar 1973 legte das Ministerium in Übereinstimmung mit dem Landschaftsverband Westfalen-Lippe der Kreisverwaltung Minden-Lübbecke nahe, dem somatischen Krankenhaus eine psychiatrische Abteilung anzugliedern. Am 3. Mai 1973 wurde einer Erweiterung um eine psychiatrische Abteilung zugestimmt.

Am 2. Januar 1974 wurde die Kindertagesstätte am künftigen Krankenhaus eröffnet. Der erste Schritt zur Bebauung des Flurstückes „Sonnenwinkel" war getan.

Im Januar 1974 war unfreiwilliger Naturschutz angesagt. Im November des Jahres zuvor hatte die Ölkrise die Bundesrepublik erreicht. Am Sonntag, den 25. November 1973, herrschte in der Bundesrepublik das erste Fahrverbot für kraftstoffbetriebene Fahrzeuge. Ausgenommen waren unter anderem Krankentransporte und medizinische Hilfsdienste. Die „Lübbecker Kreiszeitung" fasste das Dilemma unter der Überschrift *Eine ganze Stadt lag im tiefen Dornröschenschlaf* zusammen und schrieb: *Sonntag, 25. November 1973: Totensonntag. Aber auch ein historischer Tag, denn zum ersten Male in der Geschichte der Bundesrepublik blieb des Deutschen liebstes Spielzeug, das Auto, in der Garage. Die Scheichs vom Persischen Golf hatten das zur Wirklichkeit gemacht, was vorher nur in Alpträumen vorkam. Allgemeines Fahrverbot.* Das hatte Wirkung auf die Beheizung des neuen Krankenhauses. Jetzt hieß die Devise: *Keine Ölheizung mehr für Krankenhäuser.*

Das neue Kreiskrankenhaus im April 1985.

Während der Bauplanung für das Kreiskrankenhaus im ausgehenden 19. Jahrhundert und nachfolgend beim Bahnhofsbau von 1915/16 war die Verkehrsanbindung neu konzipiert worden. Das gleiche Problem stellte sich bei der Planung für den Neubau des Kreiskrankenhauses. Es musste eine direkte Anbindung von der Straße nach Alswede zum Krankenhaus auf dem „Sonnenwinkel am Korff'schen Gehölz" geschaffen werden. Am 16. Oktober 1984 wurde das letzte Teilstück Westerbachstraße/Virchowstraße fertiggestellt. Es handelte sich um den Straßenteil zwischen Bahnübergang Westerbachstraße und der Alsweder Straße.

Am 1. September 1979 erschien Friedhelm Farthmann, Minister für Arbeit, Gesundheit und Soziales des Landes Nordrhein-Westfalen, mit behördlichem und parlamentarischem Anhang im Gefolge auf dem „Sonnenwinkel", um den Startschuss für den Baubeginn zu geben. Zahlreiche Schaulustige nutzten das schöne Wetter, um diesen Moment mitzuverfolgen. Mit dem Startschuss gingen auch die Baukosten in die Höhe. Nach einer Bauzeit von fünf Jahren und sieben Monaten war es soweit: Am 9. März 1985 bot das neue Krankenhaus einen Tag der offenen Tür an. Schon morgens herrschte ein Gedränge, das an die besten Tage beim Winterschlussverkauf erinnerte. Am 19. März wurde morgens um 7.30 Uhr die erste Patientin eingeliefert. Sie war vom alten in das neue Haus verlegt worden. Stundenlang fuhren die Krankenwagen an diesem Tag bei winterlichem Wetter hin und her, um die Patienten vom Kreiskrankhaus an der Wittekindstraße in das neue Haus auf dem „Sonnenwinkel am Korff'schen Gehölz" zu transportieren.

Im Februar 1986 wurde mit dem Abbruch des Altbaues an der Wittekindstraße begonnen.

19

EIN HÄUSCHEN IM GRÜNEN

Die junge Lehrerin Elisabeth Rausch, geboren im sauerländischen Medebach, hatte es nach ihrer Ausbildung am Technischen Lehrerinnenseminar in Dortmund in den Kreis Herford verschlagen, wo sie in Hiddenhausen als Technische Lehrerin angestellt wurde. Als an der Bürgerschule in Lübbecke eine Stelle frei wurde, bewarb sie sich mit Erfolg und wurde zum 1. April 1931 angestellt. Neben ihrem Fachbereich wurde sie auch als Klassenlehrerin mit zusätzlichen Fächern eingesetzt.

Lübbecke wird ihr zugesagt haben, weil die Umgebung Erinnerungen an ihren Geburtsort Medebach im Kreis Brilon wachhielt. Ihr erster Wohnsitz in Lübbecke war das Haus Gramhorst an der Bahnhofstraße. Dauernd zur Miete zu wohnen, kam für sie, die in einem Pfarrhaus aufgewachsen war, nicht infrage. Selbstbewusst und handwerklich geschickt, fasste sie den Plan, in Lübbecke ein Haus am Waldrand mit Hanglage zu bauen. Bevorzugte Lage war zu dieser Zeit eher das Kleine Feld am Niederwall, weil es hier erstklassiges Gartenland gab, das über Jahrhunderte hinweg gepflegt worden war.

Eins stand für Elisabeth Rausch fest: Aus dem wenig zusagenden Flurstück wollte sie einen Garten machen, der ihren Vorstellungen entgegenkam – einen Nutzgarten mit Obstbäumen, Beerenobst und Kräutern. Etwas ungläubig von der Nachbarschaft und den Kollegen beobachtet, die kaum glauben konnten, dass eine Frau das Heft selbst in die Hand nahm und kräftig Hand anlegte, entstand das Haus Osterstraße 60. Später, als nach dem Zweiten Weltkrieg die Verlegung der B 239 durch das östliche Stadtgebiet anstand, wurde aus der Hausnummer 60 die Nummer 16. Im Jahre 1934 war das Haus von Fräulein Rausch, wie es damals hieß, bezugsfertig. Von ihrem Haus aus hatte sie einen Blick auf die St.-Andreas-Kirche und die Dächer der Stadt. Der abschüssige Weg zur Schule war kurz. In ihren Augen war die Welt in Ordnung. Sie hatte das erreicht, wonach sie sich immer gesehnt hatte.

Das Jahr 1940 machte sich im Schulalltag bemerkbar. Kollegen waren zum Militärdienst eingezogen, es musste improvisiert werden. Auf Anordnung der Regierung war eine Seidenraupenzucht zu betreuen, ein Klassenraum erhielt die passende Einrichtung. Die Gespinste der Seidenraupe waren zur Herstellung von Fallschirmen gefragt. Für die Betreuung der Zucht kam nur eine Lehrperson in Frage – Fräulein Rausch. Es galt jetzt, Maulbeerhecken zu entdecken. Die Schulkinder schwärmten aus zum Blätterpflücken, um die Brut versorgen zu können. Wer organisierte und kümmerte sich um alles? Selbstverständlich Fräulein Rausch.

Elisabeth Rausch auf der Veranda ihres Hauses um 1935.

Der Zweite Weltkrieg brachte Unruhe in die Beschaulichkeit des Hauses am Waldrand. Evakuierte aus den zerbombten deutschen Städten wurden in Lübbecke eingewiesen. Die ersten Flüchtlinge klopften an die Tür.

Es kam noch heftiger: Seit dem 23. März 1945 war die Aula der Schule Auffanglager für Flüchtlinge. Die Schulentlassfeier am folgenden Tage wurde deshalb in den Klassenraum der 8. Klasse verlegt. Die Feier begann bereits um 8 Uhr morgens. Sie war noch nicht zu Ende, als die Sirenen aufheulten – Fliegeralarm. Es sollte nicht lange dauern, und Kampfgeschwader der Briten und Amerikaner donnerten im Angriff auf deutsche Städte über Lübbecke hinweg. Für den Nachmittag war ein Treffen der Eltern, Lehrer und Entlassschüler geplant. Im Klassenraum der Klasse sieben war eine Kaffeetafel gedeckt. Spenden hatten es der Hauswirtschaftslehrerin möglich gemacht, Torten und Kuchen zu backen. Die Freude währte nur kurz. Wieder gab es einen Fliegeralarm.

Am nächsten Tag geschah das, was schon lange befürchtet worden war: Auf den Marktplatz fiel zu morgendlicher Stunde eine Bombe. Auf der Nordseite der Schule gingen alle Fenster zu Bruch, in der Schule wurden Türen beschädigt. Von Wänden und Decken abgelöster Putz bedeckte den Boden. Aufräumarbeiten standen an.

In der Volksschule am Markt war es in den letzten Monaten vor Kriegsende zu chaotischen Zuständen gekommen. Die Schule war wie andere Gebäude auch im

Herbst 1944 von der Waffen-SS „Leibstandarte Adolf Hitler" belegt worden. Die Ardennenoffensive, letzter Verzweiflungsakt des deutschen Militärs, stand vor der Tür. Die Beschlagnahmung von Klassenräumen bedeutete, dass jede Klasse an zwei, manchmal drei Tagen in der Woche nur wenige Stunden Unterricht erhielt. Nach der Besetzung der Stadt Anfang April 1945 fiel der Schulunterricht komplett aus. Als Anfang April 1945 ein britisches Militärkommando mit dem Auftrag nach Lübbecke kam, hier ein Verwaltungszentrum einzurichten, wurden die Wohnverhältnisse in der Stadt bedrängend eng.

Die Schule wurde mit Evakuierten und „Fremdarbeitern" belegt, wie es in der Schulchronik heißt. Gemeint sind zwangsrekrutierte, ausländische Arbeiter, wie sie in Lübbecke in der Landwirtschaft der St.-Paulus-Innung tätig waren. Die Klassenzimmer verwahrlosten. Schließlich ließ die Stadtverwaltung die Schule räumen. Nur die Schulküche blieb in Betrieb, um Evakuierte, die keine Kochgelegenheit hatten, und Lübbecker, die von der britischen Besatzungsmacht umquartiert worden waren, zu versorgen.

Im Herbst 1945 konnte der Unterricht in bescheidenem Rahmen wieder aufgenommen werden. Alle Lehrkräfte mussten sich einer Überprüfung auf eine mögliche Tätigkeit in NS-Organisationen unterziehen. Elisabeth Rausch wurde entlastet und konnte im Februar 1946 ihren Schuldienst wieder aufnehmen.

Elisabeth Rausch löste ihr persönliches Raumproblem auf ihre Weise. Sie entschloss sich, ihr Eigenheim aufzugeben und ein Kleinwohnhaus im oberen Teil ihres Gartens am Waldrand zu errichten, das ganz auf ihre bescheidenen Bedürfnisse zugeschnitten

Die Volksschule am Markt vor dem Abbruch im Jahre 1974.

Klein, aber fein. Das ehemalige Nebenhaus von Fräulein Rausch im März 2011.

war. Also wurde der Bauantrag über die Stadtverwaltung dem Military Government zugeleitet. Fräulein Rausch erhielt die Genehmigung, ein naturbelassenes Haus zu errichten. Die Umfassung des Kellergeschosses wurde aus Bruchsteinen aufgemauert, Erdgeschoss und Giebel wurden aus Lehmquadersteinen errichtet. Im August 1948 war der Rohbau fertig.

Am 6. September 1951 wechselte Fräulein Rausch mit weiteren Kolleginnen und Kollegen in den Neubau der Stadtschule am Wiehenweg, wo sie bis zu ihrer Pensionierung unterrichtete.

Am 31. August 1954 begann für sie die Zeit als Pensionärin. Es war die Zeit der Lehrerknappheit. Einer weiteren Tätigkeit im Schuldienst stand sie jedoch ablehnend gegenüber. Ihre Privatwohnung blieb das Kleinwohnhaus am Waldrand, wo auf engstem Raum alles passend für sie eingerichtet war. Hier lebte sie bescheiden und zurückgezogen, immer darauf bedacht, in und mit der Natur im Einklang zu leben. Sie wurde belächelt, wenn sie mit einem Handwagen, voll gepackt mit gebündelten Papierresten, zur nahe gelegenen Papierfabrik zog, um das angesammelte Papier zur weiteren Verwendung abzuliefern. Eine Wegwerfgesellschaft, wie sie sich während ihrer

Elisabeth Rausch, vordere Reihe links, im Kreis ihrer Kolleginnen und Kollegen vor der Wiehenwegschule im Jahre 1952.

Pensionärszeit anbahnte, war ihr zutiefst zuwider. Sie war die erste konsequente Grüne in der Stadt, bevor dieses Thema von Politikern überhaupt entdeckt wurde. Still und zurückgezogen verabschiedete sie sich am 8. Mai 1973 von dieser Welt.

Leben in der Großstadt …

Tauchen Sie ein in das quirlige Großstadtleben vergangener Tage. Spazieren Sie über breite Boulevards und stürzen Sie sich ins Nachtleben. Erkunden Sie ihre Stadt durch die Fensterscheiben einer Straßenbahn oder des ersten Käfers und bewundern Sie prächtig geschmückte Schaufenster.

… und ländliche Idylle
Wie sah das Leben in Ihrer Heimat aus, als die Bauern noch mit Pferden pflügten und jedes Dorf seinen eigenen Schmied hatte, jeder noch jeden kannte und das Leben sich zwischen Kirche, Wirtshaus und Wohnküche abspielte?

Erinnerungen an die Schulzeit …

Erinnern Sie sich noch an die Zeiten von Abakus und Schiefertafel, an Klassenausflüge oder den ersten Taschenrechner? Blicken Sie zurück auf große Klassen und gestrenge Schulmeister, entdecken Sie auf Klassenfotos Freunde und Bekannte von früher!

Gesellige Stunden im Verein …

Fußballclub und Schützenverein, Musikkapelle und Gesellenverein: Schauen Sie zurück auf Volksfeste und Turniere, Chorproben oder Prunksitzungen. Erinnern Sie sich an schöne Stunden und das gesellschaftliche Leben in Ihrer Heimat.

FSC
www.fsc.org
MIX
Papier | Fördert
gute Waldnutzung
FSC® C083411

Zeitfracht Medien GmbH
Ferdinand-Jühlke-Straße 7
99095 Erfurt, Deutschland
produktsicherheit@kolibri360.de

Druck:
CPI Druckdienstleistungen GmbH
im Auftrag der
Zeitfracht Medien GmbH
Ein Unternehmen der Zeitfracht - Gruppe
Ferdinand-Jühlke-Str. 7
99095 Erfurt

Begriff und Bedeutung der Nebensachen und Zutaten im bürgerlichen Recht

Von

Dr. jur. Paul Weil.

München 1907.
J. Schweitzer Verlag (Arthur Sellier).

Literatur-Verzeichnis.

Arndts, Pandekten. 14. Auflage. Stuttgart 1889.
Baron, Pandekten. 9. Auflage. Leipzig 1896.
Biermann, Sachenrecht. 2. Auflage.
v. Buchholz, Versuche über einzelne Teile der Theorie des heutigen römischen Rechts. VI. Berlin 1831.
Cosack, Lehrbuch des bürgerlichen Rechts. 4. Auflage. Jena 1903.
Crome, System des deutschen bürgerlichen Rechts. Bd. I, II, III. Tübingen 1900/05.
Dernburg, Pandekten. 7. Auflage. Berlin 1903.
— „ — Sachenrecht. 3. Auflage. Halle 1904.
Dochnahl, Die Rücksichtnahme auf die Verkehrssitte bei der Definition des Zubehörs im BGB. Deutsche Juristenzeitung. Bd. 7.
Endemann, Einführung in das Studium des Bürgerlichen Gesetzbuches. Berlin 1905.
Enneccerus-Lehmann, Bürgerliches Recht. 2. Auflage.
Gengler, Lehrbuch des deutschen Privatrechts. 4. Auflage. 1892.
Gierke, Deutsches Privatrecht II. Leipzig 1905.
Goeppert, Ueber die organischen Erzeugnisse. Halle 1869.
— „ — Ueber einfache, zusammengesetzte und Gesamtsachen. Halle 1871.
Heilfron, Lehrbuch des bürgerlichen Rechts I, II, III. 3. Auflage. Berlin 1904/07.
Heusler, Institutionen des deutschen Privatrechts. Leipzig 1885/86.
Holtzendorff, Rechtslexikon I.
Kohler, Zur Lehre von den Pertinenzen in Jherings Jahrbuch. Bd. 26. 1887.
Lotmar, Der Arbeitsvertrag. Leipzig 1902.
Matthiaß, Lehrbuch des bürgerlichen Rechts. 3./4. Auflage. Berlin 1900.
Maurenbrecher, Deutsches Privatrecht. Bonn 1840.
Oertmann, Recht der Schuldverhältnisse. 2. Auflage. Berlin 1906.
— „ — Bayer. Landesprivatrecht. Halle 1903.
Puchta, Pandekten. Leipzig 1893.

Regelsberger, Pandekten.
Riezler, Werkvertrag. Jena 1900.
v. Roth, Bayerisches Zivilrecht. Tübingen 1891/99.
Salkowsky, Lehrbuch der Institutionen. 9. Auflage. Leipzig 1907.
Sintenis, Das praktische gemeine Zivilrecht. Leipzig 1869.
Staudinger, Kommentar zum BGB. 2. Auflage. Bd. I, II a, b, III. München 1904/06.
Thibaut, Pandekten. 9. Auflage. Jena 1846.
Tobias, Arch. f. ziv. Pr. 1894.
Wächter, in Weiskes Lexikon. Bd. I, VII.
Windscheid, Lehrb. des Pandektenrechts. 9. Auflage. Frankfurt a. M; 1906/07.
Motive Bd. II.
Entscheidungen des RG. in Zivilsachen.
Corpus juris civilis ed. Kriegel.

Inhalts-Uebersicht.

I. Begriff der Nebensachen.

1. Die Nebensachen im römischen und im älteren deutschen Rechte.

Der Begriff der Accession bedeutet im römischen Recht alles, was zu einer anderen Sache als Zuwachs, Erweiterung, Vermehrung oder Belastung hinzutritt.[1]) In der Regel steht dieser Zuwachs einer Sache in einem solch untergeordneten Verhältnis zu der Sache, zu welcher er hinzutritt, so daß diese letztere als Hauptsache, die hinzukommende aber als der untergeordnete Teil oder als eine Sache, welche die rechtlichen Schicksale der Hauptsache teilt und ihr, ohne daß es einer besonderen Verabredung der Parteien bedürfte, folgt, erscheint.[2]) Ausgehend von der Überzeugung, daß dieser äußerlich gleiche Vorgang des tacite sequi der Accessionen innerlich gleiche Verhältnisse und Beziehungen zum Ausdruck bringe, hat die mittelalterliche Doktrin dieselben gleichen Regeln zu unterwerfen gesucht und die Scheidung der Sachen in res principales und res accessoriae vorgenommen.

Der Begriff der Accessionen ist jedoch nicht immer der gleiche geblieben. Er wurde bald enger und bald weiter gefaßt. Teils wurde alles, was zugunsten einer Sache zuwachsen konnte, unter dem Ausdruck inbegriffen und derselbe mit dem Zubehör, der causa rei indentifiziert,[3]) teils wurde die Accession als selbständige Kategorie von Nebensachen betrachtet und

---

[1]) l. 178 § 1 D. de V. S. 50. 16. — l. 26 § 3 D. de hered. pet. 5, 3.

[2]) Wächter, Accession.

[3]) Thibaut, Pandekten § 264.

neben ihr noch andere Gruppen unterschieden, wie die Früchte und Verwendungen, so daß hier die Accession das Zubehör bedeutet, welches nicht zu den Früchten und Verwendungen gehört.[1]) Als sich in neuerer Zeit für das Zubehör eine technische Bedeutung gebildet und die begriffliche Trennung von den Bestandteilen vollzogen hatte, da wurde bisweilen die Pertinenz von den Accessionen als selbständig bleibende Sache ausgeschieden und die letzteren als wirkliche Bestandteile der Sache, zu welcher sie accedierten, angesehen (Zuwachs).

Die Konsequenz, welche man aus der Qualifikation einer Sache als Nebensache zog, war die, daß sie per accessionem erworben werden konnte, denn eine Sache, welche als Nebensache mit einer anderen in Verbindung trat, mußte auch unter deren Rechtsschicksale gelangen. — Accesio cedit principali.[2]) Kam daher eine Nebensache (Accession) mit einer in fremdem Eigentum stehenden Hauptsache (res principalis) in Verbindung, so wurde an ersterer Eigentum erworben. Allein die Erwerbsart per accessionem ist kein vollständig zuverlässiger Prüfstein für die Nebensachenqualität einer Sache, da bis in die neuere Zeit sowohl Pertinenzen wie Bestandteile zu den Accessionen gezählt wurden.

Als Accessionsfälle erscheinen derjenige, bei denen eine Sache aus einer anderen erzeugt wird. Daher gelten alle Früchte als Nebensachen der fruchttragenden Sache.[3]) Sodann der von außenher kommende Zuwachs; und zwar konnte auf diese Weise sowohl an beweglichen, wie an unbeweglichen Sachen Eigentum erworben werden. Zu den ersteren Fällen gehörten insula, alveus relictus, alluvio, avulsio, zu den letzteren die plantatio, satio und inaedificatio. Auch durch Hinzutreten von beweg-

---

[1]) v. Buchholz, Versuche VI.

[2]) l. 19 § 13 D. de auro arg. 31. 2.

[3]) A. M. Goeppert.

lichen Sachen zu beweglichen konnte Eigentum erworben werden, wovon später ausführlicher zu sprechen sein wird.

Allein der Accessionsbegriff war nicht nur auf Sachen und zwar auf Nebensachen beschränkt, er wurde auch auf Rechte und Personen angewendet.[1]) So erscheinen das Pfandrecht als accession zur Forderung, der Bürge als accession in bezug auf den Schuldner; ja selbst Schadensersatzansprüche werden bisweilen hierher gerechnet als Forderungen, welche in bezug auf eine Sache entstanden sind.

So kommt der Zusammenhang von Sachen vermöge dessen die eine für das rechtliche Befinden der anderen von Einfluß wird, in mannigfaltigen Erscheinungen vor. So zwischen der Frucht und der erzeugenden Sache, zwischen dem ausgetrockneten Flußbett und dem Ufergrundstück usw. Man kann sagen, überall trete die eine Sache, die bestimmte oder Nebensache, zu der bestimmenden, Hauptsache, in ein Verhältnis der Abhängigkeit. Aber es ist damit nichts gewonnen, weil das Verhältnis der Abhängigkeit bei den einzelnen Sachbeziehungen einen sehr verschiedenen Inhalt hat. Daher ist auch der Begriff der Nebensache in der Allgemeinheit, wie er sich hieraus ergibt, d. h. der alle diese verschiedenartigen Rechtsverhältnisse unter dem einen Sammelnamen Accessio begreift, wegen seiner Unbestimmtheit juristisch unbrauchbar und wertlos.[2])

Dem älteren deutschen Recht war ebenfalls ein technischer Begriff der Nebensachen fremd. Die mangelnde Scheidung zwischen Sachteilen und selbständig bleibenden Sachen, welche aus anderen Gründen mit dem Geschick einer anderen Sache verflochten waren, schloß auch hier eine Bestimmtheit des Nebensachenbegriffes aus. Teils wurde als Nebensache diejenige Sache betrachtet, welche nur in Verbindung mit einer anderen

---

[1]) v. Buchholz, Versuche VI.

[2]) Regelsberger, Pandekten.

Sache, der Hauptsache, in Betracht kommt, indem sie entweder ein Teil derselben wird (Zuwachs), oder für gewisse Rechtshältnisse wie ein Teil derselben behandelt wird (Zubehör), also Bestandteil und Zubehör unter den Nebensachenbegriff eingereiht,[1]) teils wurden unter Trennung des Zubehörs als auch in der Abhängigkeit selbständig bleibende Sachen von den Bestandteilen, die Nebensachen mit den Pertinenzen identifiziert.[2])

2. Die Nebensachen im heutigen bürgerlichen Recht.

Das Bürgerliche Gesetzbuch hat weder eine Definition der Nebensachen, wie es dieses beim Zubehör getan hat, gegeben, noch allgemeine Regeln über die Behandlungsweise derselben aufgestellt. Der Ausdruck Nebensache tritt uns vielmehr in verschiedenen, zerstreut liegenden Gesetzesstellen entgegen. Es ist daher der Rechtswissenschaft vorbehalten, zu untersuchen, ob wir aus diesen verschiedenen Stellen gemeinsame Kriterien für einen einheitlichen Begriff der Nebensachen entnehmen können und dem entsprechende Regeln über ihre Behandlungsweise aufzustellen in der Lage sind.

Unter Sache versteht das Bürgerliche Gesetzbuch im Gegensatz zum Allgemeinen Landrecht — ALR. I 2 §§ 1—3 — übereinstimmend mit dem gemeinen Rechte — vgl. Windscheid I § 137 Seite 391 — nur körperliche Gegenstände d. h. begrenzte Stücke der uns umgebenden Natur, soweit sie der menschlichen Herrschaft unterliegen und als Objekte des Eigentums in Betracht kommen können. Es scheiden daher aus dem Sachbegriffe aus, sowohl Gesamtsachen (corpora ex distantibus oder Universitates facti), als auch Komplexe von Sachen und Rechten (universitates juris), so daß lediglich selbständige Einzelsachen die als einheitliche (res unitae) oder als zusammengesetzte (res

[1]) v. Roth, Bayr. Civilrecht.

[2]) Gengler, Deutsches Privatrecht.

compositae) uns entgegentreten können, übrig bleiben. Alle diese selbständigen Einzelsachen sind, absolut betrachtet, Hauptsachen. Denn jede bildet für sich ein geschlossenes festbegrenztes Stück der uns umgebenden Außenwelt. Die Nebensache, wenn sich überhaupt bestimmte Begriffsmerkmale für sie aufstellen lassen, kann folglich kein absoluter Begriff, sondern nur ein relativer sein. Die Relativität finden wir auch darin, daß die Nebensache, wie schon der Name kündet, stets eine andere Sache voraussetzt, an der gemessen sie als Nebensache erscheint. Es können also Hauptsachen oder Sachen, wie wir sie kurz nennen wollen, zu Nebensachen werden dadurch, daß sie in ein gewisses Verhältnis zu anderen Sachen treten oder wir können sagen, daß Nebensachen existent werden, wenn mehrere selbständige Sachen zu einander in derartige Beziehung geraten, daß eine gemeinsame Betrachtung derselben gerechtfertigt erscheint.[1])

Da die Nebensachen-Qualität einer Sache sich nur dadurch ergibt, daß sie zu anderen Sachen in ein bestimmtes Verhältnis tritt, ist natürlich die Bedeutung der Sache als Nebensache auf dieses Verhältnis beschränkt und jede Änderung in der Hauptsache ist auch von entscheidendem Einfluß auf die Nebensache. Es ist daher auch nicht möglich, bestimmte Merkmale aufzustellen, an denen die Nebensachenqualität einer Sache erkennbar wäre; entscheidend für eine Qualifikation als Nebensache ist vielmehr, ob wir bestimmte Kriterien finden für das Verhältnis der mehreren Sachen zu einander.

Im römischen Recht war, wie wir gesehen haben, das Verhältnis zwischen Haupt- und Nebensache ein sehr verschiedenes und die mannigfaltigsten Beziehungen mehrerer Sachen wurden als Accessionsverhältnis gedeutet. Dies ist heute nicht mehr der Fall. Wir haben den Bestandteil vom Zubehör getrennt und für das Verhältnis von Zubehör zur Hauptsache bestimmte

---

[1]) Crome, System I.

Beziehungen aufgestellt, aus denen sich die Zubehöreigenschaft einer Sache ergibt. Auch bei den aus dem Uferrecht für das römische Recht sich ergebenden Nebensachen — alluvio, avulsio, insula und alveus — ist in unserem heutigen bürgerlichen Rechte die Accesionsqualität in Wegfall gekommen und der aus diesen Naturvorgängen für einen Teil sich event. ergebende Erwerb an Land ist unter ganz andere Gesichtspunkte gebracht. So läßt das bayerische Recht[1]) die An- und Verlandung dem Anlieger zufallen, nicht als Accession, als Nebensache, sondern als Entschädigung für die mannigfaltigen Nachteile und Lasten, welche er zu tragen hat.[2]) Während der Alveus derelictus eines öffentlichen Flusses kraft Rechtssatzes in das Eigentum des Staates fällt, welcher seinerseits den Geschädigten zu entschädigen hat,[3]) ist es bei den Privatflüssen hingegen den Beteiligten freigegeben, den früheren Zustand wieder herzustellen.[4]) Auch bei der insula ist von einem Verhältnis von Haupt- und Nebensache keine Rede, während bei der alluvio eine Änderung in den Eigentumsverhältnissen zunächst überhaupt nicht eintritt.[5]) Wenn der Umstand, daß eine Sache sich als Nebensache darstellt, auch in das obligatorische Gebiet übergreift, so ist der Begriff doch ein sachenrechtlicher, denn es handelt sich immer um ein Verhältnis von mehreren Sachen und zwar körperlich selbstständiger Sachen zu einander. Berechtigt schon die Ausdrucksweise des Bürgerlichen Gesetzbuchs zu dieser Annahme, indem es nirgends, wo Nebensachen erwähnt werden, an immaterielle Gegenstände denkt, so ergibt sich das gleiche auch aus dem,

---

[1]) Vgl. Art. 65. EG. zum BGB., Wasserbenützungsgesetz und Uferschutzgesetz vom 28. V. 52.

[2]) Vgl. Oertmann, Bayer. Landes-Privatr. S. 356 und die bei Pözl, Aufl. 1 S. 127 angeführte Stelle der Motive.

[3]) Art. 27 Wasserbenützungsgesetz.

[4]) Art. 41 Wasserbenützungsgesetz.

[5]) Art. 29 u. 30 Wasserbenützungsgesetz.

was wir anfangs hervorgehoben haben. Da nämlich ursprünglich jede Sache Hauptsache ist und erst durch gewisse Beziehungen zu anderen Sachen Nebensachenqualität erhält, der Begriff der Hauptsache aber im Bürgerlichen Gesetzbuche wie oben ausgeführt festgelegt ist, erhellt, daß der Begriff der Nebensache für immaterielle Gegenstände keinen Raum läßt.[1]) Es kommen daher schon aus diesem Grunde eine Reihe von Dingen in Wegfall, bei denen früher ein Accessionsverhältnis angenommen wurde; aber abgesehen hiervon hätte bei diesen Gegenständen eine Unterscheidung in Haupt- und Nebensachen keinen Sinn, da der Grund ihrer rechtlichen Abhängigkeit auf ganz anderen Gründen beruht als dies für Haupt- und Nebensache der Fall ist. Das gilt zunächst für Zinsen und Kosten, die freilich im Verkehrsleben häufig als Nebensachen bezeichnet werden. Zinsen sind der Preis, welcher bezahlt wird, für die Überlassung einer Geldsumme, eine Unterscheidung derselben als Sachart ist nicht denkbar. Das nämliche gilt aber auch von den Kosten. Diese entstehen nur da, wo ein Anspruch entsteht, in Verbindung mit dem sie existent werden. Wenn sie aber in Erscheinung getreten sind, dann bilden sie eine Schuld des zur Hauptleistung Verpflichteten, die ebenso Hauptsache ist, wie diese selbst. So können Kosten ganz unabhängig von jener im Vollstreckungswege beigetrieben werden und § 361 BGB. räumt ihnen sogar eine Vorzugsstellung ein, indem er bestimmt, daß, wenn der Schuldner außer der Hauptleistung noch Zinsen und Kosten zu entrichten hat, eine zur Zahlung der ganzen Schuld nicht ausreichende Leistung zunächst auf die Kosten dann auf die Zinsen und endlich auf die Hauptleistung anzurechnen sei. Von einem nebensächlichen Zusammenhang der Kosten und der Hauptschuld kann also nicht die Rede sein. Auch zwischen accessorischen Rechten ist ein Nebensachenverhältnis nicht vorhanden. So ist

---

[1]) Vgl. Oertmann S. 375 u. S. 47 der Arbeit.

das Pfandrecht mit der Forderung eng verbunden und kann rechtlich nicht von derselben gelöst werden (§ 401 BGB.). Daher ist es auch nicht möglich die Forderung und das Pfandrecht als Haupt- und Nebensache zu unterscheiden. Beide Rechte sind vielmehr durch ein gesetzliches Band zu einer rechtlichen Einheit verschmolzen. In der Tat läßt es sich auch gar nicht entscheiden, ob die Forderung oder das Pfandrecht Hauptsache sei, denn in vielen Fällen ist die Forderung ohne das Pfandrecht völlig wertlos und erst das letztere verleiht ihr Sicherheit und Verwendbarkeit im täglichen Verkehr. Zu den gleichen Resultaten gelangen wir auch für das Verhältnis von Sachen und Rechten. So können Servituten nie Nebensachen des Grundstückes im Sinne des Bürgerlichen Gesetzbuches sein; denn auch sie bilden mit dem Grundstück eine wirtschaftliche und rechtliche Einheit, sie erhöhen dessen Wert, und es bleibt für eine getrennte Betrachtung der Sache und des Rechtes kein Raum. Auch die Frucht steht zu ihrer Muttersache in keinem Accessionsverhältnisse. So lange die Frucht noch nicht von der Muttersache getrennt ist, läßt sie als deren Bestandteil eine derartige Unterscheidung nicht zu. Aber auch nach der Trennung ist ihr Verhältnis zur Muttersache ein völlig anderes. Es ist bedingt durch den natürlichen Vorgang des Erzeugtwerdens aus derselben. Daher erwirbt der Eigentümer der Muttersache die Frucht nicht als Accessiou, sondern das Hinzukommen der Frucht bedeutet lediglich eine Erweiterung seines bestehenden Eigentums an der Muttersache. Es ist aber überhaupt für den Fruchterwerb gar nicht das Verhältnis von Frucht und Muttersache maßgebend, sondern das juristische Verhältnis, in welchem jemand zur Muttersache steht. (Eigentum, Niesbrauch, Pfandrecht usw.).

Haben wir nun eine Anzahl von Dingen ausgeschieden, bei denen ein Accessionsverhältnis nicht stattfinden kann, so erhebt sich die Frage: wann und wodurch treten im bürgerlichen Rechte mehrere Sachen in ein Verhältnis, daß eine gemeinsame Betrachtung derselben unter dem Gesichtspunkte von Haupt- und Nebensache berechtigt erscheint. Wenn wir das Gesetz betrachten, so ergibt sich, daß Nebensachen, sowohl in obligatorischen, als in dinglichen Rechtsbeziehungen existent werden können. In obligatorischen dann, wenn die Kontrahenten mehrere Objekte zum Gegenstande eines Vertrages machen. So lange diese Vertragsobjekte jedoch alle das gleiche rechtliche Schicksal teilen, kommt ihr Verhältnis von Haupt- und Nebensache nicht zum Ausdruck. Erst, wenn aus irgend einem Grunde das rechtliche Schicksal desselben von einander abweicht, tritt dasselbe in die Erscheinung; denn dann, und nur dann, ist es von Wichtigkeit zu wissen, welche Stellung die nicht betroffenen Sachen im Kreise der übrigen nach dem Willen der Parteien einnehmen sollen. In dinglichen Rechtsbeziehungen erschöpft sich die Bedeutung der Nebensachen mit der Frage: Wenn mehrere selbständige Sachen, die im Eigentum verschiedener Personen stehen, oder an denen verschiedenen Personen dingliche Rechte (Pfandrecht, Nießbrauch usw.) zustehen, dergestalt mit einander vereinigt werden (durch Verbindung §§ 946, 947 BGB., Vermischung oder Vermengung § 948 BGB.), daß die bisher bestehenden Sonderrechte nicht mehr neben einander bestehen können, sei es infolge ausdrücklicher gesetzlicher Vorschrift (§ 93 ff. BGB.), sei es wegen der tatsächlichen Unlösbarkeit der erfolgten Vereinigung und der damit gegebenen Unmöglichkeit der Wiederherstellung der Bestandteile zu selbständigen Sachen, in wessen Recht steht die durch die Vereinigung entstandene neue Sache? Denn, erscheint in einem solchen Falle eine Sache als Hauptsache, so läßt das Gesetz das Eigentum an der Hauptsache, sowie die Belastung an derselben sich auf die mit ihr vereinigte andere Sache, die Nebensache, mit erstrecken, während mit dem Erlöschen des Eigentums an der Nebensache auch die auf ihr lastenden dinglichen Rechte untergehen.

Die Faktoren, welche in diesem engbegrenzten Gebiet die Nebensacheneigenschaft einer Sache zum Dasein erwecken, bleiben im Gesetze unerwähnt. In obligatorischen Rechtsverhältnissen, wo die völlige Vertragsfreiheit unseres Rechtes den Parteien unbeschränkten Spielraum gewährt, ist natürlich auch bei der Bestimmung der Nebensachenqualität einer Sache dem Parteiwillen die weitgehendste Freiheit verliehen. Allein die Frage, welche Sache als Nebensache erscheint, kann mit dem ausdrücklich oder stillschweigend geoffenbarten Parteiwillen nicht zusammen fallen. Denn es können Fälle eintreten, wo die näheren Bestimmungen einer Partei völlig fehlen, und wir doch zu entscheiden gezwungen sind, ob und welche Sache von mehreren Haupt- oder Nebensache sei. Das ist der Fall, soweit die Eigenschaft als Nebensache in dinglicher Hinsicht von Wirksamkeit wird, bei der Verbindung, Vermengung und Vermischung. Hier, wo es jeder, dem Vertragswillen entsprungenen Bestimmung der Haupt- und Nebensachen fehlt — die vertragsmäßige Verbindung scheidet, wie später zu besprechen sein wird, aus — sind wir in Ermangelung eines subjektiven Maßstabes auf die Anwendung eines objektiven beschränkt und wir müssen bei der Forschung nach Haupt- oder Nebensache bei den in Betracht kommenden Sachen selbst suchen, ob wir nicht Merkmale finden, aus denen sich die eine oder die andere Eigenschaft ergibt. Da die Nebensachen jedenfalls immer die sein werden, welchen die geringere Bedeutung zukommt, die Bedeutung einer Sache aber immer die ist, welche wir, d. h. die Mehrzahl der urteilsfähigen Menschen, derselben beilegen, so erscheint hier als Hauptsache bzw. Nebensache diejenige, welche die Mehrzahl der urteilsfähigen Menschen, d. i. die Verkehrsauffassung als solche bezeichnet. Auf diesen Maßstab verweisen auch die Motive. Allein es ist damit nicht viel gewonnen, wenn wir nicht Anhaltspunkte finden, aus denen sich die Verkehrsauffassung ihr Urteil bildet.

Die Frage, warum Sachen in den angeführten Grenzen durch den Willen der Parteien oder die Anschauung des Verkehres zu Nebensachen werden, gibt uns zugleich Antwort auf die Frage: Was sind Nebensachen?. Wie in obligatorischen Rechtsverhältnissen dadurch, daß von mehreren Sachen der einen Sache Nebensachenqualität beigelegt wird, diese durch den Willen der Parteien gegenüber der anderen zu geringerer Bedeutung herabgewürdigt erscheint, teilt die Nebensache in den Fällen, wo sie in dinglichen Rechtsbeziehungen zutage tritt, dasselbe Schicksal kraft der Verkehrsauffassung. Während jedoch der freie Wille der Parteien sich über die einer Sache anhaftende objektive Bedeutung erheben kann, und die subjektive Wertschätzung den Ausschlag gibt, ist die Verkehrsanschauung an die objektiven Merkpunkte der wirtschaftlichen Bedeutung einer Sache gebunden und muß aus ihr die Entscheidung über die Qualität derselben schöpfen. Nebensachen sind also: körperlich selbständige Sachen, welche entweder durch ihre auf Vertragswillen beruhende oder durch ihre objektive wirtschaftliche Bedeutungslosigkeit im Vergleich zu einer anderen Sache, der Hauptsache, zu ihrer untergeordneten Stellung herabgedrückt werden.

Obwohl wir aber auch beim Zubehör meist eine Teilnahme desselben am rechtlichen Schicksal seiner Hauptsache finden, ist doch der Begriff des Zubehörs von dem der Nebensache sehr verschieden. Der Charakter des ersteren beruht auf einer sachenrechtlichen Beziehung, welche der Zweckbestimmung der beiden Sachen entspringt. Nicht der Wille der Parteien schafft die Pertinenz, sondern ausschließlich „die aus dem Kulturleben der

Gesamtheit entsprungene und sich fortbildende Rechtsanschauung".[1]) Es ist daher auch die Ansicht, welche die gewillkürten Pertinenzen von den gesetzlichen scheiden will, im System des Bürgerlichen Gesetzbuches unrichtig und das Bürgerliche Gesetzbuch hat auch völlig mit diesem Begriffe aufgeräumt.[2]) Es ist jedoch nur selbstverständlich, daß das wirtschaftliche Leben und die ihm folgende Rechtsentwicklung nur solchen Dingen Zubehöreigenschaft beilegen wird, welche im Verhältnis zur res dominans von geringer Bedeutung sind, denn es soll ja das Zubehör der Hauptsache dienstbar sein; es wird also in praxi gewöhnlich Pertinenz und nebensächliche Bedeutung zusammentreffen (obwohl oftmals z. B. bei Fabriken schwer zu entscheiden sein wird, ob die Maschinen oder das Gebäude die Hauptsache ist). Das Accessionsverhältnis dagegen beruht auf keinem der inneren Natur der Sachen entsprechenden sachlichen Zusammenhange, sondern ergibt sich lediglich aus der Abschätzung mehrerer selbstständiger, absichtlich oder zufällig in Rechtsbeziehung geratener Sachen. Daher ist es auch, solange der Zusammenhang, welcher zwischen Zubehör und Hauptsache besteht, gewahrt bleibt, sehr wohl denkbar, daß das Zubehör unter Umständen seinen eigenen Rechtsweg gehen kann. Das ist bei den Nebensachen logisch nicht denkbar, denn durch selbständige Verfügung über eine Sache, welche bisher als Nebensache aufgetreten ist, streift dieselbe eben ihren Nebensachencharakter ab. So ist es nicht möglich, daß sich der Verkäufer beim Verkauf mehrerer Sachen an der Nebensache das Eigentum vorbehält, bis die Hauptsache bezahlt ist, wie sich das beim Zubehör ereignen kann; denn das Zubehör gehört kraft inneren Zusammenhanges zur Hauptsache, welcher es dient, und wird durch das Eigentumsrecht in keiner Weise berührt. Eine Übertragung der Nebensache als Neben-

---

[1]) Kohler, Lehre von den Pertinenzen.

[2]) Vgl. E. des RG. Bd. XV S. 216.

sache ist überhaupt nur möglich, dadurch, daß die Hauptsache übertragen wird. Ist andererseits die Hauptsache übertragen, so teilt die Nebensache von selbst deren Schicksal. Das zwischen Zubehör und Hauptsache bestehende Zusammengehörigkeitsverhältnis bringt es auch mit sich, daß die Zubehöreigenschaft gegenüber jedermann wirkt, die Nebensachenqualität ist, da sie nur in einzelnen bestimmten Verhältnissen existent wird, auf die Beteiligten beschränkt; so darf niemand das Zubehör eines Grundstückes pfänden, dagegen kann die in einem bestimmten Vertragsverhältnis als Nebensache bezeichnete Sache unabhängig von der Hauptsache gepfändet werden, denn einem Dritten gegenüber ist die Nebensachenqualität bedeutungslos. Freilich ist in den Fällen, wo das Zubehör die Rechtsschicksale seiner Hauptsache teilt, äußerlich eine Unterscheidung von den Nebensachen nicht erkennbar; allein das darf uns nicht verleiten, das Zubehör deshalb mit der Nebensache zu identifizieren, denn der Grund des gleichen Erfolges ist ein sehr verschiedener. Die Zubehörsache ist eine wirtschaftliche Einheit mit der Hauptsache und die Wichtigkeit derselben für diese, welche auch dazu geführt hat, ihr Zubehöreigenschaft zu verleihen, hat auch im Gesetz ihren Ausdruck gefunden, indem die Gefolgschaft des Zubehörs festgesetzt wurde. Bei den Nebensachen ist der Grund dafür, daß ihr Schicksal in dem der Hauptsache aufgeht, gerade entgegengesetzt. Es ist die relative Bedeutungslosigkeit der Nebensache gegenüber der Hauptsache. So folgt bei Veräußerungen der Schlüssel dem Schloß, nicht weil er Nebensache ist, sondern weil der eine Gegenstand ohne den anderen wirtschaftlich unbrauchbar ist. Daher sind Zubehörsachen keine Nebensachen, sondern Hilfssachen der Hauptsache, wie sie Kohler treffend nennt. Nebensachen sind kein plus gegenüber dem Zubehör, sie stehen in gar keinem Zusammenhange mit diesem, sie sind ein aliud. Es sind zwei völlig verschiedene und zu trennende Begriffe; der eine, das Zubehör, auf dem sachlichen Zusammenhang zwischen ihm und der Hauptsache beruhend, der andere, die Nebensache, ohne inneren Zusammenhang, entweder durch Parteiwillen oder die Verkehrssitte zur Bedeutungslosigkeit herabgewürdigt.

Dieser Bedeutung der Nebensachen entsprechend kann ihre Behandlung keinem Zweifel unterliegen; es ist nur eine notwendige Folge, daß in den Fällen, wo zwischen mehreren Sachen das Verhältnis von Haupt- und Nebensache obwaltet, die letztere in das Schicksal der Hauptsache verwoben ist. Das Maß der Verkettung der beiderseitigen Schicksale ist das gleiche, sowohl wenn die beiden Sachen dinglichen als obligatorischen Rechtsverhältnissen unterstellt sind. In allen Fällen geht die Nebensache völlig in der Hauptsache auf.

Im folgenden soll untersucht werden, wie weit den Parteien in der Schaffung von Nebensachen Freiheit gewährt ist und welcher Merkmale sich die Verkehrsauffassung bedient zur Ermittlung der Nebensachenqualität einer Sache. Dazu ist es nötig, die einschlägigen Gesetzesstellen zu betrachten.

II. Die Nebensachen in obligatorischen und dinglichen Rechtsverhältnissen.

1. In obligatorischen Rechtsverhältnissen.

Jede unserer menschlichen Herrschaft zugängliche Sache kann zum Gegenstand eines Vertrages gemacht werden. Nun ist es aber möglich, daß eine einzelne Sache im konkreten Falle den Willen der Parteien nicht völlig erschöpft, daß vielmehr mehrere Sachen Gegenstand eines Vertrages sind. Diese mehreren Sachen können nun selbständige, unter sich gleichwertige Sachen sein, von denen jede trotz ihrer Zusammenfassung in einem Vertrag ihre Selbständigkeit beibehält, sie können aber auch im Verhältnis von Haupt- und Nebensache stehen, so daß eine, die Nebensache, ihre Selbständigkeit verliert und völlig in dem Schicksal der anderen, der Hauptsache, aufgeht. Das Bürgerliche Gesetzbuch enthält für den letzteren Fall nur eine einzelne Bestimmung im § 470 BGB., daß nämlich die Wandlung wegen der Hauptsache sich auf die Nebensache miterstrecke, während umgekehrt eine Wandlung wegen der Nebensache die Hauptsache unberührt läßt.

Zu den Nebensachen des § 470 BGB. wird gewöhnlich auch das Zubehör gerechnet, weil dasselbe bei der Wandlung wegen Mangelhaftigkeit der Hauptsache meist — wenn Hauptsache und Zubehör in gleichem Eigentum stehen stets — ebenfalls zurückgewährt wird. Allein, wie bereits oben ausgeführt, beruht diese äußerlich gleiche Behandlung auf innerlich völlig verschiedenen Gründen; es ist die Frage, ob die Rückgewähr auf Grund der Zubehöreigenschaft stattfindet, oder ob die Nebensachenqualität einer Sache die Veranlassung bildet sehr wohl zu trennen, und es ist nicht angängig, ohne weiteres das Zubehör unter die Regel des § 470 zu stellen.[1])

Abgesehen davon, daß in den Fällen, wo Hauptsache und Zubehör nicht in gleichem Eigentum stehen, eine Erstreckung der Wandlung auf das Zubehör unmöglich ist — da die Erfüllung der aus der vollzogenen Wandlung entstehenden Verpflichtung (§§ 466, 340 BGB.) die Rückgewähr des Eigentums in sich schließt — würde es auch in den Fällen, wo Zubehör tatsächlich bei der Wandlung der Hauptsache folgt, auf völliger Verkennung beruhen, wollte man den Grund der Erstreckung der Wandlung auf das Zubehör in seiner Nebensachenqualität erblicken. Es ist vielmehr nur ganz folgerichtig, daß Dinge, welche beim

[1]) A. M. Planck zu § 470.

Kauf einer Sache dieser folgen (§ 314 BGB.), auch bei Rückgängigmachung desselben das gleiche Schicksal erleiden. Daher sind es auch dieselben Gründe, welche für die Festsetzung der Gefolgschaft des Zubehörs beim Kauf maßgebend waren, die seine Rückgewährung bei Rückgängigmachung desselben erheischen. Diese Gründe sind aber, wie wir gehört haben, nicht in der Nebensachenqualität zu suchen, sondern in der Wichtigkeit des Zubehörs für seine Hauptsache in der wirtschaftlichen Einheit, welche es mit ihr bildet.

Eine Mangelhaftigkeit der Nebensache kann nie auch Wandlung der Hauptsache zur Folge haben; diese erstreckt sich vielmehr lediglich auf die mangelhafte Nebensache. Nun steht aber fest, daß wegen mangelhaften Zubehöres auch die Hauptsache gewandelt werden kann. So ist es zweifellos, daß in den Fällen der §§ 97, 98 BGB., wenn eines der dort angegebenen Zubehörstücke wegen Mangelhaftigkeit den Gebrauch der Hauptsache erschwert oder gar unmöglich macht, auch die Wandlung der Hauptsache verlangt werden kann. Wäre das Zubehör Nebensache, so würde dies unmöglich sein.

Der gleiche Grund, nämlich die Wahrung der wirtschaftlichen Einheit war auch maßgebend für die Ausdehnung der Vorschriften der § 470 auf die Miete. § 543 BGB. enthält die Bestimmung, daß die Vorschriften des § 470 auch auf das wegen mangelnder Vertragserfüllung des Vermieters dem Mieter zustehende Kündigungsrecht Anwendung finden. Es soll also die wegen eines Mangels der Hauptmietsache erfolgte Kündigung sich auch auf die Nebensache erstrecken. Umgekehrt jedoch soll wegen eines Mangels der Nebensache die Kündigung der Hauptmietsache nicht statthaft sein. Auch hier begegnen wir der gleichen Erscheinung wie beim Kauf. Es ist nämlich auch bei der Miete möglich, daß die vermietete Hauptsache und ihr Zubehör nicht im gleichen Eigentum stehen. So, wenn

z. B. der Grundstückeigentümer sein Grundstück vermietet, während er das Zubehör dem Mieter verkauft.[1]) Hier hätte eine Anwendung des § 470 keinen Sinn weil eine Kündigung bezüglich des Zubehörs nicht möglich ist. Weiter wird aber auch bei der Miete eine Kündigung wegen mangelnden Zubehörs möglich sein, was bei der Nebensachenqualität des Zubehörs ausgeschlossen wäre. (Vgl. §§ 97, 98 BGB.)

Scheidet somit das Zubehör aus der Betrachtung des § 470 aus, so entsteht die Frage, wann stehen mehrere Sachen eines Vertrages im Verhältnis von Haupt- und Nebensache? Ebenso, wie es möglich ist, jedwege Sache zum Gegenstand eines Vertrages zu machen, so steht es auch den Parteien frei, die Qualität einer Sache zu bestimmen. Von den Nebensachen bestimmenden Faktoren bietet uns also der objektive Maßstab der Verkehrsauffassung nur geringen Anhaltspunkt. Es ist vielmehr nötig, da ein Vertrag immer eine Willenseinigung mehrerer Personen ist, den Willen der Kontrahenten zu erforschen und als Nebensache diejenige anzusehen, welcher nach dem Willen der Parteien diese Eigenschaft zukommen soll. Nun ist es möglich, jede, nach allgemeiner Ansicht noch so wertlose und bedeutungslose Sache zum Hauptgegenstand eines Vertrages zu machen. Plerasque enim res aliquando propter accessiones

---

[1]) Kohler in der Lehre von den Pertinenzen behauptet zwar, daß dieser Fall dem gleich käme, wo ein Mieter seines Grundstückes seine eigenen Sachen zur Bewirtschaftung auf das Grundstück schaffe und daß dadurch eine Pertinenzeigenschaft nicht begründet bzw. eine solche aufgehoben werde. Allein abgesehen davon, daß auch ein Nichteigentümer der Hauptsache Pertinenzen zu dieser schaffen kann (Staudinger zu § 972) ist nicht notwendig zu folgern, daß eine einmal gegründete Pertinenz ihre Eigenschaften verliert, wenn das Eigentum von Hauptsache und Zubehör sich trennt, wenn tatsächlich die nämliche Zweckbestimmung fortdauert; denn, wie die Pertinenzierung auf die Eigentumsverhältnisse keinen Einfluß ausübt, so bewirkt auch ein Wechsel im Eigentum kein Erlöschen der Pertinenz.

emimus sicuti domus propter marmora et statuas et tabulas pictas ematur. In solchen Fällen ist dann die Sache, welche den Käufer zum Kaufabschluß bestimmt hat, welche das Motiv desselben war, die Hauptsache, während alle anderen Dinge des Vertrages als Nebensachen erscheinen. Freilich darf dies Motiv des Käufers nicht ungeäußert bleiben, es muß vielmehr zwischen den Kontrahenten eine Einigung darüber erzielt worden sein, daß gerade diese Sache Hauptgegenstand des Vertrages sein soll. Durch solches gegenseitiges Übereinkommen können die Parteien einer Sache ihre nebensächliche Bedeutung im Kreise derjenigen Dinge, in dem sie vorkommen, nehmen, und zur Hauptsache machen. Es ist daher sehr wohl möglich, daß im konkreten Falle ein Zubehörstück als Hauptsache erscheint, während seine res dominans zur Nebensache herabsinkt.[1])

Wo freilich eine bestimmte Parteierklärung nicht vorhanden ist, da müssen wir die Verkehrsauffassung zu Rate ziehen, welche sich ihr Urteil aus der Unzahl der abgeschlossenen Verträge und der sich daraus ergebenden gewohnheitsmäßigen Handhabung bildet.

Haben wir so die Hauptsachen von mehreren Dingen eines Vertrages gefunden, so hat als Nebensache diejenige zu gelten, welche nicht das Motiv des Kaufabschlusses war, aber trotzdem, sei es auf Grund ausdrücklicher Vereinbarung, oder entsprechend der Verkehrsauffassung, als mitverkauft gilt, oder diejenige, welche der Käufer im konkreten Falle tatsächlich nicht ohne eine andere, die Hauptsache, gekauft hätte, oder nach allgemeiner Ansicht nicht gekauft haben würde, während er eine andere sehr wohl zum Gegenstand eines Kaufabschlusses gemacht hätte.[2])

2. In dinglichen Rechtsverhältnissen.

Für das römische Recht war die Art und Weise, in welcher Bestandteile einer Sache unter einander zu dem durch sie ge-

---

[1]) Oertmann zu § 470.

[2]) Schröder S. 67.

bildeten Ganzen vereinigt wurden, nur von Interesse, wenn dabei in bezug auf diese Bestandteile Eigentumsrechte kollidierten, welchen diese Bestandteile vor ihrer Verbindung unterworfen waren. Zwei Arten von Verbindungen wurden von den Römern unterschieden. Die Verbindung im engeren Sinne, d. h. die äußerliche Verbindung und die Vermischung. Und zwar wurde einer Verbindung nur dann Bedeutung beigemessen, wenn durch sie ein ἡνωμένον oder ein συνημμένον entstand;[1]) denn daß durch Vereinigung der Gesamtsachen das Eigentumsrecht nicht berührt wurde, stand für das römische Recht außer Zweifel. Bei der Vermischung, sei es von festen Stoffen (commixtio), sei es von flüssigen Stoffen (confusio), entstand nach römisch-rechtlichem Begriff kein einheitlicher Körper. Es wurde daher auch das Eigentumsrecht gar nicht oder doch nur wenig berührt; denn, entweder es war jedem erlaubt, auszusuchen quantum paret in illo acervo suum esse, oder, wenn eine Aussonderung unmöglich war, — das war immer der Fall, wenn die Stoffe von gleicher Art waren,[2]) sowie bei der confusio — so verlor ebenfalls kein Teil sein Eigentum, sondern es entstand Miteigentum nach dem Verhältnis der Anteile des Quantums bzw. des Wertes. Utraque materia et si confusa manet tamen.[3])

Bei der äußeren Verbindung war es möglich, daß von den verschiedenen, an den einzelnen Dingen zusammentreffenden Eigentumsinteressen eines als Siegerin hervorging und das Eigentumsrecht der anderen absorbierte. Das war der Fall,

[1]) Die Römer unterschieden im Anschluß an die Lehre der Stoischen Physik die Sachen in: Tria .... genera sunt corporum, unum quod continetur uno spiritu et Graece ἡνωμένον vocatur, ... alterum, qod ex contingentibus, hoc est .... constat, quod συνημμένον vocatur, tertium, quod ex distantibus constat .... l. 30 pr. D. de usurp. 41. 3.

[2]) l. 3. § 2; l. 4 pr. D. de R. V.

[3]) Ulpian, l. 5. § 1 D. de R. V.

wenn eine Sache Hauptsache war. Welcher Sache aber von den verbundenen diese Eigenschaft innewohnte, darüber galten verschiedene Grundsätze. In den Fällen, wo Unbewegliches zu Unbeweglichem tritt — das sind die Fälle der insula, des alveus relictus, alluvio und der avulsio — beruht die Regelung der Eigentumsverhältnisse auf besonderen Vorschriften, während in den Fällen, wo Bewegliches zu Unbeweglichem tritt, — das sind die Fälle der satio plantatio inaedificatio — das Eigentumsrecht sich aus der vorherrschenden Natur des Grundstückes ergibt. Superficies solo cedit. Für die Fälle, wo Bewegliches zu Beweglichem tritt, hat das römische Recht einheitliche Regeln über die Frage, welche Sache Haupt- und welche Nebensache sei, nicht aufgestellt. Wir finden die Fragen meist für einzelne bestimmte Fälle entschieden. Die hierfür geltenden Leitsätze, welche die römischen Juristen zur Lösung der Fragen führten, waren sehr verschieden. Bald war ihnen der Umstand von Bedeutung, daß die eine Sache ohne die andere bestehen konnte,[1] bald galt diejenige als Hauptsache, für welche die andere bestimmt war,[2] bald auch diejenige, welche den höheren Wert hatte. Endlich war auch ausschlaggebend die physische Grundlage der einen Sache zur anderen. So galt der Kiel eines Schiffes als Hauptsache, desgleichen das Papier im Vergleich zur Schrift.[3] Allein hiervon gab es eine Ausnahme, indem der Malerei der entscheidende Einfluß bei einem Gemälde beigemessen wurde.[4] Im übrigen scheinen die Römer bei der Entscheidung, ob Haupt- oder Nebensache, der Auffassung des Verkehrs einen weitgehenden Einfluß eingeräumt zu haben.[5]

[1] L. 23 § 3 D. de Rei vind. 6. 1.

[2] L. 19 §§ 13—16; l. 20 D. de auro. leg. 34. 2.

[3] L. 61 D. de R. V.; l. 9 § 1 D. h. t.

[4] § 34. J. h. t.

[5] L. 29 § 1 D. 34. 2. Utraque autem utrius materiae sit accessio visu atque usu rei consuetudine patris familias aestimandum est. Es er-

Unser Gesetz interessiert sich ebenfalls nur für die Fälle, wo Eigentumsinteressen zusammenstoßen. Die Fälle, wo auf Grund Vertrages Verbindungen vorgenommen werden, scheiden aus dem Bereich des § 947 aus. Im übrigen ist es jedoch gleichgültig, ob die Verbindung gut oder bösgläubig, absichtlich oder unabsichtlich vorgenommen wurde. Gleichgültig ist es auch, ob der Eigentümer der einen Sache selbst die Verbindung mit der im fremden Eigentum stehenden vornimmt, oder ob sie durch einen Dritten bewirkt wird. In allen Fällen geht das Eigentum an der Nebensache und zwar unwiderruflich verloren. Ein Dominium dormiens gibt es nicht mehr.[1]) Das Bürgerliche Gesetzbuch hat nicht wie das römische Recht eine Reihe von Beispielen gebildet und an diesen erörtert, welche Sache Haupt- und Nebensache sei, sondern hat lediglich die Vorschrift aufgestellt, daß der Eigentümer des Hauptsachteiles Eigentümer der durch die Verbindung entstandenen ganzen Sache werde.

Nicht in allen den Fällen, wo durch Verbindung von mehreren Sachen eine neue Sache entsteht, ist das Verhältnis von Haupt- und Nebensachen vorhanden; es ist möglich, daß die verbundenen Sachen in einem koordinierten Verhältnisse stehen, so daß keinem Teil die Bedeutung einer Hauptsache beizumessen ist. Wenn z. B. auf ein, einem anderen gehöriges Tischgestell eine Platte aufgefügt wird, so ist keine der beiden verbundenen Sachen Hauptsache, sondern es liegen zwei gleichberechtigte Bestandteile vor, welche dem Eigentümer des Gestelles und der Platte Miteigentum an dem durch die Verbindung entstandenen Tische gewähren. Wie grenzen wir nun

---

gibt sich, daß sowohl die Definition der Hauptsache, als diejenige, welche dem Ganzen Wesen und Namen verleiht (Windscheid) als auch diejenige, welche die Hauptsache als physische Grundlage des Ganzen bezeichnet (Dernburg) zu eng ist.

[1]) RG. Bd. 25 S. 346.

die Fälle, bei denen eine Gleichberechtigung der Bestandteile vorhanden ist, und diejenigen, wo einer als Hauptsache das Eigentum an den andern aufzehrt, von einander ab? Für die Verbindung von beweglichen Sachen mit Grundstücken hat das Gesetz selbst letzteren die Hauptsacheneigenschaft zugesprochen, wenn die bewegliche Sache wesentlicher Bestandteil des Grundstückes wird (§ 946 BGB.); wann dies der Fall ist, ergibt sich aus § 94 BGB. Aber auch wo bewegliche Sachen zu beweglichen treten, hat uns das Gesetz eine Handhabe gegeben: „Ist ein Teil als Hauptsache anzusehen, ...“ Es handelt sich also nicht darum, ob eine Sache vor der Verbindung zur anderen im Verhältnis zur Haupt- und Nebensache stand, es ist nicht der hinzugekommene Teil mit dem bereits vorhandenen zu vergleichen, sondern die beiden Bestandteile mit dem neuentstandenen Ganzen. Diese neu entstandene Sache ist das Vergleichsobjekt. Erscheint dabei ein Teil als Hauptsache, dann wird der andere Teil als Nebensache gleichsam durch Subtraktion gewonnen und das Eigentum an den Hauptbestandteil ergreift auch ihn. Dadurch, daß wir die einzelnen Bestandteile mit dem Ganzen vergleichen, ergibt sich, daß wir für das Vorhandensein einer Hauptsache fordern müssen, daß der als Hauptsache geltende Bestandteil bereits vor der Verbindung zum größten Teil die neuentstandene Sache ausmacht. Da nun jede Sache irgend einem Zwecke dient, müssen wir von der Hauptsache verlangen, daß sie vor der Verbindung mit der anderen Sache ihrem Zweck zu dienen imstande war. Bedurfte sie der anderen Sache zur Erfüllung des Zweckes, dem die durch Verbindung entstandene neue Sache zu dienen bestimmt ist, dann ist eine Hauptsache überhaupt nicht vorhanden. Damit scheiden alle diejenigen Verbindungen aus, bei welchen der hinzugekommene Teil begrifflich für die durch die Verbindung entstandene Sache notwendig war. So wird bei der Verbindung von einem

Wagentorso mit den einem andern gehörigen Rädern weder dem einen noch dem andern Teile Hauptsachenqualität zugesprochen werden können. Dies gilt natürlich nur für zusammengesetzte Sachen (res compositae), da für einfache (res unitae) das Hinzukommen eines anderen Bestandteiles nicht begrifflich notwendig sein kann. Es fallen damit alle diejenigen Dinge in den Bereich der Nebensachen, welche den Zweck eines Gegenstandes überhaupt nicht zu beeinflussen imstande sind. So alles, was zum Schmuck eines Gegenstandes verwendet wird oder zur Gebrauchserleichterung dient. Aber auch solche Dinge, welche zwar schon für die Zweckbestimmung von Einfluß sind, können als Nebensachen erscheinen, wenn es an der begrifflichen Notwendigkeit für das Ganze mangelt, wenn sie vielmehr lediglich eine endgültige Vollendung des bereits bestehenden Gegenstandes bilden. So z. B. die Pneumatik eines Automobils. Diese Kriterien der reinen Zweckerfüllung werden sich leicht da anwenden lassen, wo es sich um Gebrauchsgegenstände handelt, d. h. um Dinge, welche dem Menschen bei Ausübung irgend einer praktischen Tätigkeit zu dienen bestimmt sind. Bei solchen Gegenständen ist auch der Wert des verbundenen Sachteiles völlig gleichgültig. Den Maßstab bildet der Zweck, für welchen die Sache nach der Verbindung bestimmt ist, und die Möglichkeit dieser Zweckerfüllung durch einen Sachteil. Wenn ich z. B. ein Geschirr mit kostbaren Silberplatten und Nägeln beschlage, die im Eigentum eines anderen stehen, werde ich Eigentümer dieser vielleicht im Werte viel höheren Silberbeschläge, denn die Zweckerfüllung des Geschirres wird durch dieselben in keiner Weise berührt, das Beschläge ist folglich Nebensache. Es erscheinen somit bei solchen Gegenständen die Nebensachen entsprechend der Ausdrucksweise des code civil Art. 567: Est reputée partie principale celle à laquelle l'autre n'a été unie que pour l'usage, l'ornement ou le complètement de la première,

als solche Dinge, welche der Gebrauchserleichterung, der Ausschmückung oder der endgültigen Vollendung eines im ganzen bereits bestehenden Gegenstandes dienen.

Es gibt aber auch Dinge, welche, wenn sie auch irgend einem Zwecke dienen, doch nicht Gebrauchsgegenstände in dem oben angeführten Sinne sind. So z. B. eine Statue. Da es sich hier zumeist um Sachen handelt, welche einen selbständigen, ihnen eigentümlichen Charakter haben, fällt bei solchen Dingen die Frage nach der Zweckerfüllung zusammen mit der Existenzfrage. Derjenige Sachteil, welcher das Hinzukommen des anderen nicht nötig gehabt hätte, um als das zu erscheinen, als was er nach der Verbindung sich zeigt, mit anderen Worten: diejenige Sache, welcher die hinzukommende als Bestandteil sich einfügt, ist Hauptsache, die andere Nebensache. Hierher gehören auch die Fälle, wo in ein Gebäude oder sonstiges Bauwerk, welches nach § 95 BGB. nicht Bestandteil eines Grundstückes ist, bewegliche Sachen zu dessen Herstellung und nicht nur zu einem vorübergehenden Zweck eingefügt werden.

Es gibt aber auch endlich Sachen, welche uns im täglichen Leben als selbständige Wertträger entgegentreten und die ihres Wertes wegen erworben werden. Dazu gehören insbesondere Dinge, welche einen Liebhaberwert besitzen und Schmuckgegenstände. Bei solchen Sachen fällt die Frage nach der Zweckerfüllung zusammen mit der Frage nach dem Wert.[1]) Wenn daher eine Verbindung derartiger Sachen stattfindet, so muß die Frage nach der Hauptsache mit Rücksicht darauf entschieden werden, ob die eine oder die andere Sache den größten Teil des Wertes des durch die Verbindung entstandenen Objektes ausmacht. Aber auch wenn solche Wertgegenstände mit anderen Sachen verbunden werden, welche nicht in ihre Klasse gehören, kann doch ihr Wert für ihre Hauptsachenqualität ent-

[1]) A. M. Biermann zu § 947.

scheidend sein. Dies ist immer dann der Fall, wenn die andere Sache erst durch diese Verbindung die ihr nach der Verbindung zukommende Bedeutung erhalten hat. Wenn z. B. kostbare Stiche als Schmuck für ein geringwertiges Buch verwandt und in dasselbe eingeheftet werden, so wird die Entscheidung, was die Hauptsache sei, zugunsten dieser Stiche ausfallen, denn das an sich wertlose Buch wird erst durch diese Verbindung zu einem Wertobjekt gemacht und weder der Umstand, daß es dem Ganzen Wesen und Namen verleiht noch auch die hier mit der Existenzfrage zusammenfallende Frage nach der Zweckerfüllung, kann das Eigentum an den Stichen zu Grunde gehen lassen.

Die Rechtssätze, welche für die Verbindung gelten, sollen gemäß § 948 BGB. auf die Fälle Anwendung finden, in welchen bewegliche Sachen untrennbar mit einander vermengt oder vermischt werden.[1]) Die Ausdrücke Vermengen und Vermischen sind eine Übersetzung der römischen commixtio und confusio,[2]) so daß wir unter ersterem die Vermengung von festen Stoffen zu verstehen haben, während letzterer die Vermischung von flüssigen oder gasförmigen Körpern bedeutet. Allein diese Gleichstellung der Vermischung und Vermengung mit der Verbindung ist nur hinsichtlich der Wirkung, welche sie zeitigt, gegeben, nicht jedoch in bezug auf die zusätzlichen Verhältnisse. So wird bei der Vermischung und Vermengung nicht gefordert, daß die vermischten oder vermengten Einzelmengen eine einheitliche Sache bilden, als deren wesentliche Bestandteile sich dieselben darstellen würden. In der Tat werden auch in den meisten Fällen wesentliche Bestandteile hier nicht in Frage kommen; denn bei Vermengung oder Vermischung von beweglichen gleichartigen Sachen liegt immer eine Vereinigung von

---

[1]) Besondere Vorschriften gelten über die Vermengung von Bienenschwärmen, welche im Eigentum verschiedener Personen stehen §§ 963, 964 BGB.

[2]) Vgl. Motive zu § 892 des E. I. Bd. 3 S. 359.

unwesentlichen Bestandteilen vor, es ist lediglich ein Anwachsen der Quantität. Bei Vermengung von ungleichartigen Stoffen handelt es sich um die Verschmelzung von selbständigen Sachen, bei denen die Aussonderungsunmöglichkeit nur auf tatsächlichen Gründen beruht, auch wenn sie, wie in § 948 Abs. II, imaginär ist, nicht auf einer rechtlichen Untrennbarkeit.

Um wesentliche Bestandteile handelt es sich jedoch, wenn flüssige, verschiedenen Eigentümern gehörige Stoffe vermischt, oder wenn Metalle in flüssigem Zustände zu einem einheitlichen Ganzen verschmolzen werden. Hier treten uns dann einheitliche Sachen entgegen, deren wesentliche Bestandteile die Einzelmengen bilden.

Auch bei den untrennbaren Vermengungen und Vermischungen besteht gewöhnlich Miteigentum der Eigentümer der Einzelmengen an der durch die Vermengung oder Vermischung entstandenen Gesamtmenge oder Gesamtmischung, welches dem Wert der vermischten oder vermengten Sachen zur Zeit der Vermengung oder Vermischung entspricht. Das gilt besonders auch für Geld. Die Sondervorschrift des gemeinen Rechtes, wonach bei Vermengung von fremdem mit eigenem Gelde an ersterem Eigentum erworben wurde, ist in das Bürgerliche Gesetzbuch nicht aufgenommen. Das an der Gesamtmenge oder Gesamtmischung entstandene Miteigentum bemißt sich nach den Vorschriften des § 742 BGB. Der nach § 752 BGB. jedem Miteigentümer zustehende Anspruch auf Auflösung der Gemeinschaft wird, da eine Vermengung oder Vermischung lediglich bei Quantitätssachen vorkommt, das sind Dinge, die im Verkehr nach Maß, Zahl und Gewicht auftreten, meist auf Teilung in natura gehen.

Ausnahmsweise tritt jedoch im Falle des § 948 Alleineigentum ein an der Gesamtmenge oder Gesamtmischung, wenn eine Einzelmenge als Hauptsache anzusehen ist. Wann dies der Fall ist, bemißt sich nach den für die Verbindung gefundenen

Merkmalen mit den sich aus der Natur der hier in Frage kommenden Sachen ergebenden Besonderheiten.

Ausgeschlossen ist zunächst die Frage, ob eine Sache Hauptsache sei bei Vermengung und Vermischung gleichartiger Stoffe. Denn hierbei treffen die Voraussetzungen der Anwendbarkeit des § 948 nicht zu; denn, wenn auch eine Unmöglichkeit der Trennung vorhanden ist, z. B. bei Mischung gleicher Getreidearten, die einzelnen Körner auszusondern, so hätte doch eine solche Individualisierung derselben gar keinen Sinn; es kann vielmehr, da es sich immer um unwesentliche Bestandteile der Gesamtmenge oder Gesamtmischung handelt, dem einen Eigentümer dieser früher getrennten Sache jederzeit sein Anteil zugemessen werden. Daher geht auch an der kleinsten mit anderen gleichartigen Mengen vereinigten Quantität das Eigentum nicht verloren. Der Eigentümer kann vielmehr vindizieren, wenn nur die Menge nachweisbar ist.[1])

Da aber auch bei der Vermengung ungleichartiger beweglicher Sachen eine einheitliche Sache nicht entsteht, von welcher die Einzelmengen wesentliche Bestandteile wären, bieten uns die Kriterien der Zweckerfüllung hier keinen Anhaltspunkt. Da jedoch Quantitätssachen zugleich auch immer einen Verkehrswert haben, so erscheint hier als Hauptsache diejenige Einzelmenge, welcher der bedeutendere Wert zukommt. Bei Vermengungen von Dingen, die gleichen Wert haben, wird dann die Art und Weise, wie uns diese Sachen im täglichen Leben entgegentreten, die Zahl, das Gewicht oder das Maß, von ausschlaggebender Bedeutung sein.

In den Fällen der Vermischung, wo eine einheitliche Sache entsteht, von welcher die Einzelmengen wesentliche Bestandteile bilden, weisen uns die bei der Verbindung gefundenen Merk-

[1]) RG. Bd. 4 S. 40—41.

male den Weg zur Entscheidung. Maßstab ist auch hier die Möglichkeit der Zweckerfüllung, der durch die Vermischung entstandenen einheitlichen Gesamtmischung mit oder ohne die andere Einzelmenge. Daher scheiden auch hier diejenigen Einzelfälle aus, bei welchen die Vermischung beider Einzelmengen begrifflich notwendig war zur Erreichung des Gesamtzweckes. Werden z. B. zwei Flüssigkeiten, die für den Erfolg von gleicher Wichtigkeit sind, und in verschiedenem Eigentum stehen, zu einer Medizin vereinigt, so erwerben die Eigentümer Miteigentum nach dem Verhältnis des Wertes zur Zeit der Vermischung. Wird dagegen einer im wesentlichen fertig gestellten Medizin irgend ein Zusatz gemacht, etwa um das Einnehmen zu erleichtern, so erscheint dieser als Nebensache, ohne Rücksicht auf seinen Wert und es wird Eigentum daran verloren. Allein neben diesen sich ungefähr mit den bei der Verbindung als Gebrauchssachen bezeichneten Dingen deckenden Stoffvereinigungen treten uns auch im Falle des § 948 BGB. Gesamtmischungen entgegen, bei welchen die Zweckerfüllung nicht so in den Vordergrund tritt, wie bei den erstgenannten. Auch hier wird dann die Frage nach der Hauptsache nach dem Umstande bemessen, ob die eine Einzelmenge im wesentlichen ohne Hinzukommen der anderen das darstellt, als was sie nach der Vermischung erscheint. Wird z. B. zu einer Bowle ein in fremden Eigentum stehendes Selterswasser zugegossen, so geht das Eigentum an ihm durch die Vermischung verloren. Auch hier spielt der Wert der vermischten Menge keine Rolle; so würde in gleicher Weise zu entscheiden sein, wenn statt des Selterswasser Sekt zugegossen würde.

Endlich fallen auch in den Bereich der Vermischung Vereinigungen solcher Stoffe, die uns als Wertgegenstände erscheinen. Hier ist dann auch ausschließlich für die Hauptsachenqualität entscheidend, welche Sache der Gesamtmischung den Hauptwert verleiht. Bei gleichem Werte der vermischten Mengen wird auch hier wiederum das Maß oder Gewicht den Ausschlag geben. Dies gilt hauptsächlich für Metalle, welche in flüssigem Zustande zu Legierungen verschmolzen werden.

III. Der § 651 BGB. insbesondere.

Da das Wesen eines Vertrags sich nach dem Hauptgegenstande desselben richtet, wird auch der Charakter des Werkvertrages nicht dadurch beeinflußt, daß der Besteller den Hauptstoff, der Unternehmer aber Nebensachen liefert. Die geringe Bedeutung der Nebensachen geht in der des Hauptstoffes auf. Der § 651 Abs. II stellt eigentlich einen Fall der Verbindung dar; denn der Unternehmer vereinigt Dinge, welche in seinem Eigentum stehen, mit solchen, die sich im Eigentum des Bestellers befinden. Diese Verbindung aber wird vorgenommen auf Grund eines Vertrages. Beim Werkvertrag werden also die Nebensachen sowohl in dinglicher als in obligatorischer Hinsicht bedeutungsvoll, denn einmal treten verschiedene Sachen, die nicht dem gleichen Eigentumsrechte unterliegen in Verbindung, andererseits sind mehrere Gegenstände eines Vertrags vorhanden, welche nicht von gleichen Rechtsschicksalen betroffen werden. Es ist natürlich eine Folge juristischer Konsequenz, daß in den Fällen, wo Nebensachen vom Lieferanten mit dem Hauptstoffe des Bestellers verbunden werden, diese Nebensachen schon mit der Verbindung in das Eigentum des Bestellers übergehen und nicht erst mit der Uebertragung der fertigen Sache. Allein die Charakterisierung des Vertrags als Verbindung hat lediglich für die Frage des Eigentumsüberganges Bedeutung, nicht aber für die, was Nebensachen im Sinne des § 651 Abs. II sind. Freilich kann auch gelegentlich der Ausführung eines Werkvertrages eine Verbindung vorkommen, für welche die Regeln, welche wir bei der vertragslosen Verbindung kennen gelernt, ausschließlich Anwendung finden. Das ist dann der Fall, wenn der Unternehmer mit einem von ihm herzustellenden Werk Dinge verbindet, ohne daß dies weder dem ausdrücklichen Inhalt des Vertrags, noch dem als stillschweigend anzunehmenden Willen der Kontrahenten entspricht. So, wenn in obigem Beispiel der Sattler mit dem auf Grund Werkvertrags aus dem Leder des Bestellers von ihm gefertigten Zaumzeuge silbernes Beschläge verbindet, ohne daß dies ausdrücklich oder stillschweigend bedungen ist. Allein hier ist die Anwendung des § 651 Abs. II überhaupt ausgeschlossen; denn die Verbindung des Silberbeschlages fällt aus dem Rahmen des Werkvertrags hinaus. Es hat also der Besteller auf Grund des § 947 BGB. Eigentum erworben. Wird jedoch auf Grund ausdrücklicher oder stillschweigender Verabredung das Beschläge mit dem Zaumzeuge verbunden, so ist im Streitfalle zu untersuchen, ob der vom Unternehmer gelieferte Sachbestandteil Zutat oder Nebensache sei.

Da der § 651 ein Vertragsverhältnis darstellt, ist es den Parteien wieder freigegeben, irgend welcher Stofflieferung des Unternehmers Nebensachenqualität beizulegen und so die Regelung des Eigentums nach der Verbindung festzustellen. Allein solche Fälle gehören nicht zum eigentlichen Wirkungskreis des § 651 Abs. II. Hier handelt es sich zumeist um Dinge, welche vom Unternehmer ohne besondere Verabredung mit dem Besteller, aber doch dessen Einverständnis voraussetzend, geliefert werden. Es ist uns also bei der Frage nach der Nebensache der subjektive Maßstab genommen und wir sind gezwungen, den objektiven heranzuziehen, welcher uns als Interpretation des Parteiwillens dienen muß. Dieser Maßstab ist, wie bei der vertragslosen Verbindung, teils in der Art der in Frage kommenden Sachen — so kann z. B. die Bestandteilseigenschaft als Wegweiser dienen — teils in der Verkehrsauffassung zu sehen. Dabei wird es nun oftmals geschehen, daß Gegenstände, welche nach den Regeln der vertragslosen Verbindung als Nebensachen anzusehen sind, auch im Sinne des § 651 Abs. II als solche zu gelten haben, folgleich mit der Verbindung in das Eigentum des Bestellers geraten. Dies ist immer der Fall, wenn der Besteller das Grundstück, der Unternehmer bewegliche Sachen zu dem zu errichtenden Bauwerke liefert.[1]) Allein dies ist nicht in allen Fällen so. Bisweilen erscheinen Dinge bei der Verbindung als Nebensachen, die bei der Auslegung des § 651 Abs. II nicht als solche gelten. So wird in dem oben angeführten Beispiele das, sei es auf Grund ausdrücklicher oder stillschweigender Vertragsverabredung, mit dem Zaumzeug verbundene Beschläge nicht ohne weiteres in den Werkvertrag mit eingerechnet werden dürfen als Zutat oder sonstige Nebensache. Das Beschläge bleibt vielmehr im Eigentum des Unternehmers, bis dieser dasselbe übergibt. Dieser Unterschied hat seinen Grund darin, daß hier, im Vergleiche zur vertragslosen Verbindung, das Vergleichsobjekt wechselt. Beim Werkvertrag kommt es darauf an, ob die verbundenen Dinge bereits vor der Verbindung im Verhältnis von Haupt- und Nebensache gestanden haben, d. h. es werden die Bestandteile der Sache miteinander verglichen, nicht mit dem durch die Verbindung entstandenen Ganzen. Deshalb dürfen wir auch für die Bestimmung, was Haupt- und Nebensache sei, nicht die gleichen Merkmale verwenden, als wenn wir die Bestandteile mit dem Ganzen vergleichen. Ergibt sich schon aus dieser Art der Vergleichung, daß wir beim Werkvertrag für die Nebensachen eine gewisse Wertlosigkeit im Vergleich zur Hauptsache fordern müssen, so

---

[1]) § 946, 94 BGB. Ist der Inhalt des Vertrags der, daß ein Bauunternehmer auf einem von ihm zu erwerbenden Grundstück ein Haus für den Besteller aufführen soll, so liegt ein Kaufvertrag vor.

findet diese Ansicht ihre Stütze in dem Inhalt des Vertrags selbst; denn da die Leistung des Bestellers in der Hingabe eines Lohnes für die vom Unternehmer geleistete Arbeit besteht, andererseits aber die Leistung von Nebensachen die Natur des Vertrags als Werkvertrag nicht stört, so erhellt, daß eine Vergütung für die Nebensachen in der Leistung des Bestellers nicht besonders zum Ausdruck gelangt. Sie wird vielmehr in den Betrag, welchen der Besteller für das Werk zu leisten hat, mit einbezogen. Dies ist aber nur dann möglich, wenn der Wert der Nebensachen tatsächlich so gering ist, daß er den für die Leistung bedungenen Preis nicht zu beeinträchtigen vermag. Diese bisweilen auftretende Verschiedenheit der Nebensache im Falle der vertragslosen Verbindung und im Falle des Werkvertrags kann jedoch nur da zum Ausdruck kommen, wo es sich um die ersten beiden Arten der bei der vertragslosen Verbindung aufgeführten Sacharten handelt. Denn wo der Lieferant zu dem vom Besteller gegebenen Wertstoff ebenfalls einen solchen liefert, fallen die Nebensachen bei der vertragslosen Verbindung und beim Werkvertrag immer zusammen, da ein Sachbestandteil, welcher im Vergleich zum anderen den geringeren Wert aufzuweisen hat, auch im Verhältnis zum Ganzen den geringsten Teil des Wertes ausmachen wird.

Allein die Ansicht, nach welcher der vom Unternehmer gelieferte Sachbestandteil mit dem vom Besteller gelieferten Stoff zu vergleichen ist, ist bestritten. Man hat vielmehr verschiedene andere Vergleichsobjekte aufgestellt. Die eine Ansicht vergleicht den vom Unternehmer gelieferten Stoff mit der von ihm geleisteten Arbeit. Sie hält einen Werkvertrag dann für gegeben, wenn der Stoff, den der Unternehmer gibt, im Vergleich zu der von ihm aufgewandten Arbeit Nebensache ist.

[1]) Vgl. Oertmann S. 666.

Darnach wäre das Flicken eines Anzuges Werkvertrag, weil der dazu gegebene Faden Nebensache im Vergleich zur Flickarbeit ist.

Eine andere Ansicht spricht davon, daß eine Sache, an welcher die Arbeiten anzubringen sind, im Verhältnis zu dem, was der Arbeiter eingefügt hat, Hauptsache sei. Das also der ganze Teil, welchen der Arbeiter geliefert hat, gleichviel, ob aus selbstbeschafftem Stoffe oder nicht, gemessen wird an dem ganzen Werk, für welches er sie geliefert hat. Es wäre daher die Lieferung eines ledernen Buchrückens aus vom Lieferanten selbstbeschafftem Leder Werkvertrag, weil er Nebensache sei, im Vergleich zu dem eingebundenen Buche.

Der dritten Ansicht kommt es darauf an, ob der Arbeiter zu dem von ihm herzustellenden, besonderen Arbeitseffekt den ganzen, Haupt- oder nebensächlichen Stoff geliefert hat.[1])

§ 651 Abs. I spricht davon, daß der Unternehmer zu dem von ihm herzustellenden Werk den Stoff liefert. Gegenstand des Vertrages ist also die Herstellung eines Werkes, eines körperlich in die Erscheinung tretenden Gegenstandes, also zunächst eines materiellen Werkes. Ist die „Herstellung" nicht mehr Hauptgegenstand des Vertrages, so kommt in dem Falle, daß der Unternehmer den Stoff liefert, die Vorschrift des § 651 überhaupt nicht in Betracht, sondern es ist von vornherein Kauf anzunehmen. Wo aber die Herstellung eines Werkes Gegenstand des Vertrages ist, da werden die Fälle unterschieden, wo der Stoff zu der herzustellenden Sache, sei sie vertretbar oder nicht, vom Unternehmer geleistet wird und diejenigen, wo sowohl Unternehmer, als Besteller Stoffquantitäten zu dem Werke liefern. Im letzteren Falle soll eine nebensächliche Leistung des Unternehmers nicht imstande sein, die Vertragsnatur des Werkvertrages zu stören, sondern der

---

[1]) Vgl. Riezler S. 63 ff.; Lotmar S. 213.

vom Besteller gelieferte Hauptstoff soll den Ausschlag geben.[1]) Wenn wir also in Betracht ziehen, daß die Frage, ob Werkvertrag oder nicht, nur brennend wird, wenn beide Teile, Besteller und Werkmeister, Stoff liefern, ferner, daß für die Bestimmung der Natur des Vertrages lediglich die Stoffleistung von Bedeutung ist, so ist klar, daß der vom Unternehmer gelieferte Stoff nicht verglichen werden darf mit der von ihm geleisteten Arbeit. Es ist also der Gegensatz von Nebensache die „Hauptsache" und nicht Arbeitsleistung. Ganz deutlich wird dies im Falle der Umkehrung des § 651 Abs. II: Liefert der Besteller nur Nebensachen, so kommt Abs. I zur Anwendung; denn, daß hier nicht die vom Unternehmer geleistete Arbeit, sondern der von ihm gelieferte Stoff der Gegensatz zur Nebensachenleistung des Bestellers ist, tritt deutlich hervor.

Bei der zweiten Ansicht handelt es sich um die Frage, ob die vom Unternehmer zu beschaffende Sache sich als Nebensache im Vergleich zum ganzen Werke, von dem sie nur einen Teil bildet, darstellt, oder, ob sie nebensächliche Dinge bedeutet, welche der Unternehmer zu der von ihm selbst herzustellenden Sache gibt. Wenn also jemand einen Buchrücken zu dem zu bindenden Buche liefert, oder wenn ein Schreiner in ein Haus Fenster einfügt, ist das ein Werkvertrag, weil der Unternehmer nur Nebensachen zu dem zu bindenden Buch oder dem Hause geliefert hat, oder liegt ein Werklieferungsvertrag vor, weil derselbe eine Sache aus dem von ihm beschafften Stoff hergestellt hat?

Der Werkvertrag, wie der Werklieferungsvertrag, stellt eine Einigung dar zwischen zwei Parteien, einer Unternehmer- und einer Bestellerpartei. Diese beiden Kontrahenten verabreden die

---

[1]) Haben beide Teile Stoff zu liefern in der Art, daß keine Leistung als nebensächliche erscheint, so ist der Vertrag als Werkvertrag zu behandeln. Vgl. Planck zu S. 651.

Herstellung eines gewissen Arbeitserfolges, z. B. eines materiellen Werkes. Dieses Werk besteht aus Stoffquantitäten sowohl des Bestellers wie des Unternehmers — denn nur dann wenn beide Parteien Stoffquantitäten liefern, kann die Frage aufgeworfen werden, ob durch nebensächliche Leistungen des Unternehmers die Werkvertragsnatur des Vertrages beeinflußt wird — und dieses Werk muß auch Gegenstand des der Beurteilung unterliegenden Vertrages sein. Behält man dieses Erfordernis im Auge, so wird sich ein Unterschied zwischen dieser und der dritten Ansicht, welcher die Zutaten oder Nebensachen nebensächliche Dinge sind, die der Unternehmer zu der von ihm selbst herzustellenden Sache gibt, nicht feststellen lassen. Denn die vom Unternehmer herzustellende Sache ist das ganze aus den verschiedenen Stoffquantitäten bestehende Werk, nicht allein die Sache, welche er zur Verwirklichung der ihm obliegenden Vertragsverpflichtung dazu leistet. Der Buchbinder, dem ich zu dem zu bindenden Buch alles mit Ausnahme des Buchrückens gebe, hat als Vertragsverpflichtung nicht die Lieferung des Buchrückens übernommen, sondern die Herstellung des gebundenen Buches, und zu diesem liefert er den Rücken. Woher er denselben bezieht, und aus wessen Material derselbe hergestellt ist, ist für das zwischen mir und dem Buchbinder herrschende Vertragsverhältnis gleichgültig. Das ganze Werk, von dem seine Leistung, der Buchrücken, nur einen Teil bildet, ist also identisch mit dem von ihm herzustellenden Werke, zu welchem von beiden Kontrahenten Stoffquantitäten gegeben wurden, und zwar vom Buchbinder Nebensachen.

Dies eben Gesagte gilt insbesondere für Reparaturarbeiten;[1]) denn das Werk, welches hier Gegenstand des Vertrages ist, ist nicht Herstellung der für die Reparatur notwendigen Sache, z. B. der Schuhsohle, mit welcher der schadhafte Schuh gesohlt

[1]) Vgl. Oertmann zu § 651.

werden soll, sondern das Vertragsobjekt ist der wieder gebrauchsfähige Schuh. Dazu liefern die beiden Parteien verschiedene Sachteile und zwar der Besteller die Hauptsache, der Schuhmacher lediglich das Ersatzstück. Aber ganz abgesehen davon tritt bei den meisten Reparaturen die Arbeitsleistung als solche so in den Vordergrund, daß von vornherein nur an einen Werkvertrag gedacht werden kann, und eine Abgrenzung nach Stoffleistungen nicht am Platze erscheint. Wenn ich mir z. B. ein Loch in meinem Anzuge flicken lasse, so ist die vom Schneider zu bewerkstelligende Arbeit von solch überragender Bedeutung, daß der Faden, welchen er zum Flicken verwendet, lediglich als Mittel zur Verwirklichung der ihm obliegenden Verpflichtung erscheint.

Wenn wir bei der Beurteilung der Frage, ob Werk- oder Werklieferungsvertrag vorliegt, unser Augenmerk streng auf das vertragsmäßig herzustellende Werk einerseits, auf die Personen, unter welchen die Vertragsverabredung getroffen wurde, andererseits richten, so klären sich auch die Fälle, wegen deren die Frage nach dem Vergleichsobjekte von besonderer Wichtigkeit geworden ist, die Fälle, in denen Leistungen von Bauhandwerkern in Frage sind.

Der § 651 versagt nämlich dem Werkmeister, der eine nicht vertretbare Sache aus von ihm zu beschaffendem Stoff herstellt den Schutz der §§ 647, 648 BGB. Damit nun den Bauhandwerkern, für welche der Mangel einer Sicherungshypothek besonders unangenehm sein kann, ein Ausweg geschaffen wird, hat man ihre Leistungen immer als Nebensachen bezeichnet und zur Rechtfertigung dafür teils auf das vom Besteller hingegebene Grundstück, teils auf das Gebäude, im Vergleich zu dem ihre Leistungen immer Nebensachen seien, hingewiesen. Nun muß man aber bei Bauforderungen folgende Fälle unterscheiden: Wenn der Bauherr und Grundstücksseigentümer den Bau selbst in Regie aufführt, z. B. ein Baumeister, der sich auf seinem Grundstücke ein Haus baut, und zu diesem Zweck mit den verschiedenartigsten Bauhandwerkern Verträge abschließt, so liefern diese alle Nebensachen, und die Verträge sind Werkverträge, obwohl die Handwerker die Sachen aus von ihnen beschafften Stoff herstellen; denn der Besteller gibt das Grundstück, welches immer Hauptsache ist, all den einzelnen Unternehmern zur Herstellung des Werkes. Damit der Lieferant eine Sicherungshypothek erhalte, ist unbedingt erforderlich, daß er zu dem Besteller, dem Bauherrn, in einem Vertragsverhältnisse steht. Dieses Erfordernis aber trifft bei den anderen Bauweisen nicht zu. Hier haben wir wohl einen Vertragsabschluß zwischen Grundstückseigentümer und Baumeister, der einen Werkvertrag darstellt, indem der Unternehmer als Vertragsverpflichtung die Herstellung des Hauses übernommen hat, zu dem der Besteller das Grundstück, den Hauptstoff, liefert. Allein als Gegensatz zu diesen Leistungen, welche nun auf Grund von Bestellungen des Baumeisters von den einzelnen Handwerkern geliefert werden, kann man nicht die Hingabe des Grundstückes durch den Besteller anführen. Denn in diesem Vertragsverhältnis, das lediglich zwischen Baumeister und Bauhandwerker besteht, scheidet er völlig aus und eine Heranziehung seiner Sachleistung bei Beurteilung desselben ist durchaus nichts gerechtfertigt. Dem steht auch nicht entgegen, daß die von den Bauhandwerkern gelieferten Sachen mit der Einfügung in das Eigentum des Grundstückseigentümers übergehen; denn der Eigentumserwerb durch Verbindung vollzieht sich auch, wenn diese durch irgend einen Dritten vorgenommen wird.

Man kann aber auch nicht darauf hinweisen, daß der Bauhandwerker Nebensachen liefere im Vergleich zum Hause;[1])

[1]) Vgl. Lotmar S. 213.

denn die einzelnen zwischen Baumeister und Bauhandwerker abgeschlossenen Verträge haben mit dem auf Herstellung des Hauses gerichteten Vertrag zwischen Baumeister und Grundstückseigentümer nichts zu tun, und ihr Inhalt beschränkt sich auf die Anfertigung des bestimmten, von dem Bauhandwerker geforderten Gegenstandes.

Allein der Mangel des Schutzes der §§ 647 und 648 kann nicht als besonders schädigend betrachtet werden. Denn für den Fall, daß ein Werkmeister eine bewegliche nicht vertretbare Sache aus von ihm zu beschaffendem Stoffe liefert, sind zwar die Vorschriften des § 433 BGB. ausgeschlossen, jedoch treten an ihre Stelle die des § 651 Abs. I Satz I. Darnach bleibt also die Sache im Eigentum des Verfertigers, der sich nach Genügen schützen kann, bevor er das Eigentum daran überträgt. Dieser Sachverhalt wird dadurch nicht geändert, daß der Besteller Nebensachen oder Zutaten liefert, denn diese sind nicht imstande, die Natur des vorliegenden Vertrages als Werklieferungsvertrag zu beeinträchtigen. Es hat folglich trotz Lieferung von Nebensachen durch den Besteller der Unternehmer das Recht, die Sache bis zur Befriedigung zurückzubehalten. Windscheid hat die Frage aufgeworfen, ob dem Unternehmer für den Fall, daß das vertragsmäßige Werk aus irgend welchem Grunde nicht zur Entstehung gelangt, nun ein Pfandrecht an den Nebensachen oder Zutaten des Bestellers zustehe und beantwortet sie damit, daß die Bejahung derselben nahe liege, wenn ihr auch die gesetzliche Grundlage fehle.[1]) Allein aus dem Gesetze ist gerade das Gegenteil zu entnehmen; denn wenn der Besteller Nebensachen liefert, dann sind bei vertretbaren Sachen trotzdem die Vorschriften über den Kauf, bei nichtvertretbaren die für den Werklieferungsvertrag maßgebend,

---

[1]) Windscheid, Lehrbuch des Pandektenrechts, 9. Auflage, vgl. mit dem Bürgerlichen Gesetzbuche.

d. h. es kommen für den letzteren Vertrag statt gewisser Vorschriften über den Kauf die über den Werkvertrag zur Anwendung, mit Ausnahme der §§ 647, 648. Wenn also ein Anspruch aus einem solchen Vertrag entsteht, so fehlt dem Unternehmer das Pfandrecht. In der Tat hätte es auch wenig praktischen Wert, dem Unternehmer ein Pfandrecht an Nebensachen und Zutaten des Bestellers, solange sie nicht mit dem von ihm gelieferten Stoff verbunden sind, einzuräumen; denn nach der Verbindung mit dem vom Unternehmer gelieferten Hauptstoffe haben wir nunmehr eine einheitliche Sache, an welcher keine getrennten Eigentumsrechte mehr bestehen können, an der vielmehr der Unternehmer allein Eigentum erworben hat.

Fassen wir Vorstehendes zusammen, so erscheinen als Nebensachen im Sinne des § 651 solche Sachen, welche, ohne einen begrifflichen Bestandteil der Sache auszumachen, entweder durch ausdrückliche oder stillschweigende Vereinbarung vom Unternehmer bei Herstellung eines Werkes mitgeliefert werden, oder, welche mit Rücksicht auf ihren geringen Wert, den sie im Vergleich zu dem vom Besteller gelieferten Stoff haben, nach der Verkehrsauffassung, wenn sie vom Unternehmer geliefert werden, gegenüber dem vom Besteller gegebenen Stoff nicht in Betracht kommen.

Solche Sachen, vom Besteller geliefert, können dann naturgemäß die Anwendbarkeit des § 651 Abs. I nicht ausschließen.

IV. Die Zutaten im bürgerlichen Rechte.

Aus § 651 Abs. II ergibt sich, daß Zutaten immer Nebensachen sind. Allein aus diesem umfassenderen Begriff der Nebensachen können wir eine engere Gruppe ausscheiden, welche uns durch die besondere, ihnen anhaftende Eigentümlichkeit als

Zutaten erscheinen. Diese tragen also kraft ihrer Eigenschaft als Nebensachen die für diese gefundenen Merkmale an sich, jedoch mit den sich aus ihrer besonderen Art ergebenden Beschränkungen.

Auch die Zutaten sind daher selbständige, körperliche Sachen im Sinne des Bürgerlichen Gesetzbuches; sie sind, wie die anderen Nebensachen, logisch betrachtet, Hauptsachen, welche erst dadurch Nebensachenqualität erhalten, daß sie zu anderen Sachen in gewisse Beziehungen geraten.

Ebenso sind auch die Sachen, an denen gemessen sie als Zutaten erscheinen, körperliche Sachen. Dies ist freilich nicht unbestritten,[1]) denn da ein Werk im Sinne des § 631 BGB. nicht nur die Herstellung eines materiellen Gegenstandes, sondern auch die Verwirklichung eines Erfolges immaterieller Art bedeutet, so entsteht die Frage, ob in den Fällen, wo der Werklieferant neben der Herstellung eines immateriellen Werkes — z. B. des Gutachtens eines Anwalts — auch Sachleistungen macht, d. h. körperliche Gegenstände verwendet — z. B. das Papier auf welches das Gutachten geschrieben ist — diesen letzteren Nebensachen- oder Zutateneigenschaft im Sinne des § 651 Abs. II zugesprochen werden kann.[2]) Die Antwort auf diese Frage muß natürlich sowohl für die Zutaten als für die Nebensachen im allgemeinen gleichlautend sein, da die ersteren nur ein bestimmter Kreis der letzteren sind. Zur Begründung der Möglichkeit des Vorhandenseins von materiellen Nebensachen bei immateriellen Werken ist eine Berufung auf § 651 ausgeschlossen. Denn, abgesehen davon, daß in obigem Beispiele der Anwalt sowohl Lieferant des Gutachtens als des Papieres wäre, mithin das ganze vertragsmäßig herzustellende Werk aus von ihm zu beschaffendem Stoff bestehen würde, ist

---

[1]) Vgl. Oertmann zu § 651.

[2]) Riezler, Werkvertrag S. 64.

eine Anwendbarkeil des § 651 deshalb unmöglich, weil Abs. I die Herstellung einer körperlichen Sache voraussetzt. Das ergibt sich daraus, daß der Unternehmer die hergestellte Sache übergeben und das Eigentum daran zu beschaffen hat.[1]) Wenn nun § 651 Abs. I für immaterielle Werke keinen Raum bietet, so ist folglich die Anwendbarkeit des Abs. II für die Fälle ausgeschlossen, wo materielle Sachleistungen zu einem immateriellen Werke geliefert werden. Denn die nach Abs. II zur Verwendung gelangenden Gegenstände sind eben Nebensachen oder Zutaten zu der nach Abs. I herzustellenden Sache, welche kein immaterielles Werk sein kann.

Ist also § 651 Abs. II nicht bestimmt, das Verhältnis von Nebensachen und Zutaten zum Werkvertrag überhaupt zu regeln, so ist zu prüfen, ob bei Sachleistungen des Unternehmers zu einem immateriellen Werke den ersteren nie Nebensachenqualität beigelegt werden kann. Die Folge einer Bejahung dieser Frage wäre, daß in entsprechender Anwendung von § 651 Abs. II lediglich die Herstellung des immateriellen Werkes unter Absorbierung der Sachleistung dem Vertrage Wesen und Charakter als Arbeitsvertrag verleihen würde. Jedoch die Frage ist zu verneinen; denn, da der relative Begriff der Nebensachen, zu welchen ja auch die Zutaten gehören, immer das Vorhandensein einer Hauptsache im Sinne des Bürgerlichen Gesetzbuches also eines körperlichen Gegenstandes zur Voraussetzung hat, ist ein Vorkommen von körperlichen Sachen als Nebensachen oder Zutaten bei immateriellen Werken begrifflich nicht möglich.[2]) Das ergibt sich auch deutlich aus obigem Beispiele. Das vertragsmäßig herzustellende Werk ist hier das Gutachten, d. h. eine sachkundige Äußerung über eine bestimmte Frage. Würde man das Papier, auf welches das Gutachten geschrieben ist,

[1]) Vgl. Lotmar S. 180.

[2]) Vgl. S. 13 dieser Arbeit.

entsprechend § 651 Abs. II als Nebensache oder Zutat zu diesem Werke betrachten, so hätten wir uns jenes notwendig als Teil desselben vorzustellen; denn die gemäß § 651 Abs. II vom Unternehmer gelieferten Nebensachen bilden, mit dem übrigen Stoff vereint, das Gesamtwerk. Daraus würde sich jedoch der Verlust der immateriellen Natur des Werkes ergeben. Denn da ein körperlicher Teil eines unkörperlichen Werkes nicht denkbar ist, würde der Vertrag nunmehr auf die Herstellung eines schriftlichen Gutachtens, eines Schriftstückes mit einem bestimmten Inhalte gehen.

Sachleistungen zu immateriellen Werken sind daher niemals unter dem Gesichtspunkte von Nebensachen und Zutaten zu betrachten, und ihr event. Miteinbeziehen in den Inhalt des auf die Herstellung eines Werkes gerichteten Arbeitsvertrages entspringt auch nie diesem zwischen den beiden Leistungen obwaltenden Verhältnisse. Ob eine solche Einbeziehung stattfindet, richtet sich vielmehr nach dem Verhältnis, in welchem im einzelnen Falle die Sachleistung zur Arbeitsleistung steht. Sie tritt ein in den Fällen, wo unter den verschiedenen Leistungen ein Abhängigkeitsverhältnis stattfindet.[1]) Dann sind auch in der für das Werk ausgesetzten Vergütung diese Auslagen des Unternehmers mit inbegriffen, wie sich das nach Treu und Glauben mit Rücksicht auf die Verkehrssitte ergibt.[2]) § 242 BGB. Ist ein solcher innerer Zusammenhang nicht vorhanden, dann tritt uns die Hingabe der Sache als selbständige Leistung entgegen, und es besteht kein Anlaß, sich von der nächstliegenden Annahme zweier Verträge zu entfernen.[3]) So ist in obigem Beispiele eine solch enge Verbindung zwischen dem Werke, der Herstellung des Gutachtens, und der Hingabe des Papieres

---

[1]) Vgl. Lotmar S. 193.
[2]) Vgl. Staudinger zu § 632.
[3]) Vgl. Lotmar S. 177.

vorhanden, daß eine Trennung in zwei Verträge, etwa Kauf- und Werkvertrag, von der Hand zu weisen ist. Denn die Schriftlichkeit der Erstattung des Gutachtens ist lediglich eine Form der Mitteilung an den Besteller, bildet folglich nur ein Mittel zur Ausführung des vertragsmäßig bedungenen Werkes.

Haben wir daher in der Zutat wie in den übrigen Nebensachen eine körperliche Sache zu erblicken, deren rechtliche Schicksale in dem einer anderen körperlichen Sache, der Hauptsache aufgeht, so entsteht die Frage, wodurch unterscheiden sich diese Nebensachen von den übrigen?

Während wir die Existenz der Nebensachen im allgemeinen von dem Umstande abhängig sahen, daß an sich selbständige Sachen durch Parteiwillen oder Zufall in gewisse Beziehungen zu anderen Sachen gerieten, ist das Vorhandensein solcher Beziehungen eine den Zutaten begrifflich innewohnende Eigentümlichkeit. Sie sind nämlich von vornherein nicht dazu bestimmt, in ihrer Selbständigkeit wirtschaftliche Bedeutung zu erlangen, ihre wirtschaftliche Zweckbestimmung erfüllt sich vielmehr erst in der durch diese Zweckbestimmung gebotenen Verbindung mit der herrschenden Sache. Da die Zweckbestimmung für die Art der Verbindung ausschlaggebend ist, ist auch an der Zutat selbst erkenntlich, mit welcher Art von Sachen sie ihr Schicksal zu teilen hat. Denn man kann sagen, Zutaten sind Sachen, welche überhaupt nur mit Rücksicht auf ihre Notwendigkeit für andere Sachen hergestellt werden. So sind Knöpfe und Futterstoffe ausersehen, mit Kleidungsstücken verbunden zu werden, Schuhlitzen, zum Schnüren von Fußbekleidungen zu dienen usw. Hierbei ist jedoch, wie bei den Nebensachen überhaupt, ein unbedingtes Erfordernis, daß die Zutat nicht begrifflich einen Teil der Sache, mit welcher sie verbunden wird, ausmacht. So ist der Pelz, mit dem ein Wintermantel gefüttert wird, nicht als Zutat zu erachten, obwohl ihm eine Eigenschaft innewohnt, nämlich die als Futter zu dienen, welche für derartige Sachen gewöhnlich Zutatenqualität begründet. Denn der Pelz ist ein begrifflicher Bestandteil, der durch die Verbindung entstandenen Sache, des Pelzmantels.[1])

Diese Besonderheit der Zutaten, daß sie immer nur in der durch den Zweck gebotenen Verbindung ihren wirtschaftlichen Endzweck erfüllen können, bringt es mit sich, daß die Zahl der Objekte, für welche Zutaten in Betracht kommen können, aber auch der Kreis der Zutaten selbst nicht unbeschränkt und unbegrenzt ist. Dieser wird freilich nicht immer der gleiche bleiben; er wird sich unter dem Einfluß verschiedener Faktoren, z. B. der Mode, entsprechend den Lebensanschauungen der in Frage kommenden Kreise ändern.

Die schon begrifflich in ihnen schlummernde, untergeordnete Bedeutung und ihre Bestimmung für andere Sachen verleiht den Zutaten immer den Charakter von Nebensachen. Sie bringt es auch mit sich, daß dieser Charakter nicht durch den Willen einer Partei aus der Welt geschafft werden kann; wo eine Zutat mit anderen Gegenständen in die ihrer Zweckbestimmung entsprechende Verbindung tritt, hat sie die Bedeutung einer Nebensache und niemand kann sie im konkreten Falle zur Hauptsache machen.

Umgekehrt kann auch die Verabredung der Parteien keiner Sache Zutateneigenschaft beilegen, ohne daß ihr diese Eigenschaft innewohnt; denn der Grund für die Verbindung einer Zutat mit einer anderen Sache ist — auch in den Fällen, wo die Mitlieferung durch den Unternehmer ausdrücklich von den Parteien besprochen wurde — nicht die Parteiverabredung, sondern der Umstand, daß die, sei es aus Bedürfnis, durch die Mode, oder andere Faktoren entstandene Verkehrsanschauung

[1]) Siehe S. 28 dieser Arbeit.

derartige Dinge für die Vollendung eines Gegenstandes oder für dessen wirtschaftliche Gebrauchsfähigkeit als notwendig erachtet. Daraus aber, daß hier, im Gegensatz zur vertragslosen Verbindung, die Verkehrsanschauung nicht zunächst maßgebend ist für die Qualifikation der Sache als Nebensache, sondern primär die Verkehrsauffassung über die Mitlieferung der Zutat — und damit erst in zweiter Linie auch über ihre Bedeutung — entscheidet, ergibt sich in den allermeisten Fällen eine Minderwertigkeit der Zutat im Vergleich zur Hauptsache, da für andere Gegenstände die Verkehrsgewohnheit die Selbstverständlichkeit der Mitlieferung durch den Unternehmer kaum angenommen haben würde. Allein diese Minderwertigkeit der Zutat ist kein unbedingtes Erfordernis; denn wenn auch zunächst die Verkehrsauffassung für die Mitlieferung der Zutat durch den Unternehmer entscheidend ist, so ist doch auch denkbar, daß durch vertragsmäßige Verabredung die Verwendung genau bestimmter Gegenstände als Zutaten bedungen wird. Da nun für die Bestimmung der Zutateneigenschaft einer Sache die Art derselben, d. h. die ihr innewohnende Zweckbestimmung, nicht deren Qualität von Bedeutung ist, so kann im einzelnen Falle ihr Wert das gewöhnliche Wertverhältnis zwischen Hauptsachen und Zutat außer acht lassen; ja, er kann sich sogar über den der Hauptsache erheben, ohne die Zutateneigenschaft einer Sache zu beeinflußen. So bleiben z. B. Knöpfe, welche bei einem Anzug zur Verwendung gelangen, stets Zutaten, auch wenn sie an Wert sehr bedeutend sind.

Aus der wirtschaftlichen Unselbständigkeit, welche der Zutat innewohnt, und der ihrer Zweckbestimmung entspringenden Notwendigkeit der Verbindung mit anderen Sachen, erhellt, daß die Zutaten der Folgen in obligatorischer Beziehung, wie wir sie für die anderen Nebensachen gefunden haben, entbehren; denn, wenn eine Sache mit ihren Zutaten einmal Gegenstand des Verkehrs geworden ist, z. B. verkauft wurde, so sind die Zutaten bereits ihrer Selbständigkeit beraubt und zu Bestandteilen dieser Sache geworden. In dinglicher Hinsicht wird in den Fällen der vertragslosen Verbindnng des § 947 BGB. die Zutat als besondere Art der Nebensachen nicht von Bedeutung werden, sondern sie geht in dem allgemeinen Begriffe der Nebensachen anf; denn die Frage, ob eine von den verbundenen Sachen als Hauptsache im Vergleich zum Ganzen sich darstellt, läßt die feinere Unterscheidung von Nebensachen und Zutaten außer Betracht. Die Bedeutung der Zutat beschränkt sich daher lediglich auf den § 651 Abs. II BGB., auf die Fälle, wo auf Grund Vertrags ein Werk herzustellen ist, zu welchem der Unternehmer die Zutaten liefert. In diesem Sinne bedeutet Zutat Sachen, welche, ohne den Begriff eines Gegenstandes auszumachen, nach der Verkehrsanschauung zu dessen endgültiger Vollendung gehören oder erst dessen wirtschaftliche Gebrauchsfähigkeit ermöglichen und die wegen ihrer ausschließlichen Zweckbestimmung für die Hauptsache von dem Unternehmer gewohnheitsmäßig mitgeliefert zn werden pflegen.

Die rechtlichen Folgen, welche die Verbindung der Zutat mit der Hauptsache zeitigt, ergeben sich aus ihrer Zugehörigkeit zu den Nebensachen. Durch die Vereinigung mit der Hauptsache geht das Eigentum an ihr, soweit es von dem der Hauptsache verschieden ist, verloren, und die Natur des Werkvertrages wird durch ihre Mitlieferung durch den Unternehmer nicht gestört.

Auch die Lieferung solcher Zutaten durch den Besteller kann, wie bei den anderen Nebensachen, die Anwendbarkeit des § 651 Abs. I nicht beeinflussen.

FSC
www.fsc.org
MIX
Papier | Fördert gute Waldnutzung
FSC® C083411

Kolibri 360 GmbH
Ferdinand-Jühlke-Straße 7
99095 Erfurt, Deutschland
produktsicherheit@kolibri360.de